여성 안수 투쟁사

비하인드 스토리

일러두기

- 이 책은 〈뉴스앤조이〉가 2022년 기획 보도한 '비하인드 스토리 - 여성 안수 투쟁사' 기사 14개를 정리해 엮은 것입니다.
- 본문에 쓰인 직접 인용문에서 괄호 없이 표기된 한자는 독자들의 해석을 돕기 위해 별도로 병기한 것입니다.

여성 안수 투쟁사 Behind Story

1932~2021 여성 안수 연대기, 그리고 못 다한 이야기들

구권효 · 나수진 지음

NEWS&JOY

차례

Behind Story

들어가는 글

목사가 되기 싫었으나 못 되는 건 더 싫었던 한 여성 신학자가

'여성 안수 투쟁사'를 읽고

백소영(강남대 기독교학과 교수, 한국여성신학회장)

아버지가 목사님이었던 나는 자꾸 '사모감'이라고 말하는 교회 어른들의 '칭찬'이 싫었다. "차라리 목사를 할래요." 사회학적 분석을 할 수 있었겠나 아니면 신학적 입장을 가졌겠나. 그저 어린 눈에도 사모의 역할이 마음에 안 들었었나 보다. 어린 눈에 늘 '멋진'(내 눈에는 가운이 그렇게 보였다) 옷을 입고 강단에서 힘 있는 메시지를 전하는 '목사'인 아버지와 비교할 때, 애들을 업고 끌고 교인들의 속사정 이야기를 들으며 언제나 식구 수 이상의 밥을 짓던 어머니를 보며 나도 모르게 스며든 생각이었을 거다. 하여 '사모감' 운운하는 이야기를 들으면 입버릇처럼 되받아쳤던 것인데, 그 모습에 어른들은 껄껄 웃으며 또 한 번 내 미래의 삶을 제한했다. "이 녀석, 장군감인데 아깝구먼. 하나를 달고 나왔어야 했는데."

문득 궁금했다. '나는 무엇을 달고 나왔어야 했나?' 후에 아리스토텔레스의 『동물의 역사』를 읽으며 답을 얻었다. 물론 그 시절엔 정자, 난자의 개념도 모르고 과학적 근거를 제시할 수 없었겠지만, 남자의 권위에 더하여 학자의 권위까지 가졌던 아리스토텔레스는 단언했다. 모든 개체 생명은 정상적으로 발달 단계를 다 거친다면 수컷이 된다고. 그 과정 중에 마지막 발달 단계를 성취하지 못한 개체가 암컷이 되는 거라고. 유교 가부장제에 갇혀 있던 우리 문화도 다르지 않았다. 여자를 '반푼이'라고 불렀으니 말이다. 남자가 온전한 한 푼인데 비하여 여자는 그 반이라는 의미이다. 어쩌면 시대가 다르고 공간이 달라도 이렇게나 한결같이 여성을 비하했는지. 이 '공통의 응시'가 가부장제 때문이라는 것을 학교에서 배우며 비로소 '아하'했던 기억이 있다.

하지만 신학의 길을 걸으며 개인으로서의 나는 목사가 되기 싫었다. 이건 여성 안수와는 다른 주제인데, "만인이 하나님 앞에 모두 다 제사장"이라는 프로테스탄트의 원칙에 위배되는 성직자/평신도 가르기라고 생각했기 때문이다. 그래서 나는 '평신도'의 권위를 위해 싸우기로 마음을 먹었다. 하지만, 나의 이 개별 결정이 '여성 목사'를 제도적으로 막는 것에 대해 무관심하거나 동의한다는 의미는 아니다. 현대 사회의 모든 직업이 그러하듯, 개인이 원하는 직업에 적합한 전문성을 갖춘다면 그 개인은 타고난 것으로 인한 제약을 받으면 안 된다. 그것이 민주 사회의 기본 토대이다. 물론 보수적인 교단에서는 사회의 법 위에 작용하는 '하나님의 법칙' 그러니까 성경의 권위에 기대어 여성의 자리를 제한하는 것이라고 목소리를 높인다. 때문에, 이 싸움은 단지 현대 사회의 인권 투쟁을 넘어서 성서가 말하는 '사람됨' '인간 권위'에 대한 근본적 물음이 될 수밖에 없다.

창세기 1장만 제대로 읽어도 이해 가능한 '하나님의 법칙'이건만 안타깝기 그지없다. 하나님께서는 사람(아담)을 지으시되 그 사람을 남자와 여자로 지으셨다. 그 사람(남자와 여자)은 만물을 '다스릴 권위'를 가진다. 이 '명료하고 근본적인' 법칙을 못 읽게 만든 것이 가부장제의 힘이다. 악한 의도가 없었더라도 그 안에서 보고 듣고 자란 대부분의 남자들은, 그리고 그 시선을 내면화해온 여자들은 '근본'을 잊고 '제도'를 따랐다. 이에 저항하며 '다시 근원으로

(ad fontes)' 돌아가려는 운동 중 하나가 바로 '여성 안수 투쟁'이다. 안 그래도 싸울 것 천지인 세상에서, 안 싸워도 될 일로 에너지를 소비한 세월이 참으로 길었다. 아직 끝나지 않은 싸움이기도 하다.

한국 개신교 내에서 가장 큰 교세를 가진 장로교의 경우만 보아도 그렇다. 1930년 미장로회가 여성 장로제를 채택하자 한국에서도 목소리를 내었다. 함남노회 여전도회를 중심으로 '여성 치리권'에 대해 건의했으나 총회에서 기각되었다. 기각 사유를 성의 있게 내놓지도 않았다. "허락할 수는 없는 일"이라나. 이 일화를 읽다 보면 미국의 급진적 페미니스트 모임인 '레드 스타킹'의 출발이 떠오른다. 흑인 인권운동과 연대하여 여성 인권을 위해 목소리를 내고자 인권 집회에 참여했던 여성들도 성의 없고 무례한 답변을 들었다. "여기는 여성 해방보다 더 중요한 안건들이 다루어지는 장소란다." 마치 소녀를 타이르듯 말하는 인권 의장의 말에 '소녀들'은 비로소 깨달았다. 아, '민주'와 '인권'이라는 말로 점점 그 영역을 넓혀가는 이 싸움에 '여자의 몫'은 없구나! 이 제도 역시 또 하나의 가부장제였구나. 그래서 그녀들은 가부장제의 종식과 새로운 제도의 창출을 위해 '밖에서' 싸웠다.

이에 비한다면 한국 여성 그리스도인들은 더 끈질겼던 셈이다. 제도 안에서 끊임없이 싸웠으니까. 그게 더 힘든 일이다. 포기하지 않고 다음 해(1934년)에도 다시 여성 연명 서명으로 총회에 건의했다. 이번엔 아예 안건으로 올리지도 않았다. 힘을 보태준 남성 목사가 없지 않았으나(김춘배 목사가 <기독신보>에서 여성 장로제 기각한 것을 비판), 제도의 힘은 강했다. "여편네가 피를 줄줄 흘리면서도 이 거룩한 자리에 서겠단 말인가?" "배때기가 남산만 해 가지고 어디를 올라오겠단 말이냐?"(41쪽) 제사법이나 부정함에 대한 유대교 응시를 그대로 가져온 이런 비아냥은 결코 '성경적'이지 않다. 그저 '가부장적'일 뿐이다. 왜냐하면 성경만이 아니라 유교도, 이슬람교도, 힌두교도, '경전'을 가진 모든 제도 종교들은 한결같이 여성을 향해 같은 이유로 금지와 제한을 행사하고 있기 때문이다.

'성경적'이라는 이유를 들어 가장 자주 소환된 구절은 고린도전서 14장 34-35절과 디모데전서 2장 11-15절이다.

> 여자는 교회에서 잠잠하라 그들에게는 말하는 것을 허락함이 없나니 율법에 이른 것 같이 오직 복종할 것이요. 만일 무엇을 배우려거든 집에서 자기 남편에게 물을지니 여자가 교회에서 말하는 것은 부끄러운 것이라. (고린도전서 14장 34-35절)

> 여자는 일체 순종함으로 조용히 배우라 여자가 가르치는 것과 남자를 주관하는 것을 허락하지 아니하노니 오직 조용할지니라 이는 아담이 먼저 지음을 받고 하와가 그 후며 (중략) 여자들이 만일 정숙함으로써 믿음과 사랑과 거룩함에 거하면 그의 해산함으로 구원을 얻으리라. (디모데전서 2장 11-15절)

전통 가부장제의 종말 이후에 탄생한 개신교의 경우 이 구절을 민주 사회의 삶의 방식과 연결하려다 결국 탄생시킨 것이 '상보론'이었다. 존재론적으로는 평등하지만, 기능에 있어서는 서로 보완하는 역할을 고정해 놓는 것이다. 현대 산업사회의 성역할 분업과도 잘 맞아떨어지는 해석이라서 한동안은 교회 안에서 대중적 설득력을 갖기도 했다. 하지만 여자를 '안'에만 가두려는 제도가 끝난 마당에, 굴러가던 관성으로 움직이고 있는 가부장제적 힘을 부여잡고 애쓰는 남성들을 향해 창조적인 비판이 시작되었다. "배불러서 강단에 못 올라온다면 목사들 중 똥배 나온 사람은 뭐냐. 운동 안 해서 배 나온 건 비생산적인 것이지만, 여성들이 임신 출산하는 건 생명적인 일이고 창조적인 질서다. 어디다 대고 그런 얘기를 하느냐."(84쪽) 교단을 초월한 여성연대의 이야기도 가득하다. 길고 지루한 싸움이지만, 지지 않고 멈추지 않고 낸 목소리와 운동이 이 책 안에 오롯이 담겨 있다.

제도가 마련된 교단에서는 또 다른 싸움을 하고 있다. 여전히 존재하는 성차별과 성폭력을 없애기 위한 싸움이다. 그러니까 애쓰고 노력해서 제도권 안으로 진입한 여성 목사들에게 여전히 동료 아닌 '여자'로 대하는 응시와 처우에 대한 싸움이다. 제도적으로 가장 빨리 여성 안수를 인정한 것은 감리교였다. 1930년부터 이미 법적으로는 승인을 했고 이듬해 한국에 와 있던 미국 여선교사들이 목사 안수를 받았다. 한국 여성의 목사 안수는 1955년에 이루어지긴 했지만(전밀라·명화용 목사), 제도적 싸움에 기운은 덜 뺐던 셈이다. 문제는 '실제적'인 적용에 있었다. "담임자로서 결혼한 여자 목사는 담임을 계속할 수 없다"는 제한과 함께 기혼 여성 목사의 사역을 기관 목회에 제한한 것이다. 역시 가부장적 질문에 가부장적 대답을 제도화한 것이었다. 아이를 낳고 기르는 '여성의 1차 의무'를 수행한다면, 어찌 목양이 필수인 담임목사의 역할을 충실히 할 수 있겠냐는 질문이요 이에 대한 해결이었다. 맞다. 아이를 낳고 기르면서 '전문적'으로 자신의 일을 하는 것은 목사만이 아니라 모든 '여성 전문가'가 다 만나는 제도적 장애물이다. 이 부분의 해결책이 '애만 보거나 일만 하거나' 혹은 '애도 보고 일도 할 만한 적당한 자리'로 제한되는 것이라면 그것은 명백하게 성차별이다. 겨우 싸워서 이 제한을 폐지시켰더니(1989년) 새로운 조항이 생겨났다. "부부 목사는 한 교회에서 사역할 수 없다."(2005년). 현재까지도 존속되고 있는 조항이란다. 실제적으로는 함께 사역해야 가정과 일의 병행이 가능할 텐데, 왜 이런 제한을 두었을까? "남편이 담임목사로 청빙받아서 교회에 가게 되면, 교회는 사모를 원할 텐데 왜 꼭 남편 앞길 가로막으면서까지 목사가 되려고 하느냐"(105쪽) 행여 아내 목사의 영적 권위나 교회 내 치리권이 남편을 앞설 것을 걱정한 것은 아닐까 싶었던 내 심증이 굳어지는 대목이다.

코로나19는 교회 내 여성 리더십에 있어 또 하나의 과제를 부여했다. "펜데믹을 경험하면서 사회와 더불어 뒷걸음질 치지 않을까 하는 거예요. 노동 현장에서도 구조 조정이 있을 때 여성 노동자들이 먼저 희생된다는 이야기가 들려오는데요. 지금 교회도 마찬가지잖아요. 역사가 다시 후퇴하는 일은 막아야 하지 않을까 하는 생각을 하게 돼요."(101~102쪽) 2021년 9월 한국기독교장로회 최초로, 아니 실은 한국교회 주요 교단에서는 처음으로 여성 총회장으로 선출된 김은경 목사의 말처럼 이제는 '유리천장'을 깨는 '예외적' 개인기가 아닌, 제도적 지지 기반이 필요한 시절이다. 안수만이 아니라, 교회 내 역할 제한 금지, 실질적인 처우 향상(사례비의 평등성), 성폭력 특별법 등 아직도 많은 과제들이 남아 있다.

이 글들을 읽으며 문득 그런 생각이 들었다. 90년을 싸워온 '피의 역사'를 이렇게 앉아서 편히 읽어도 되나? 더구나 나의 개인적 의미 추구 안에 성직에 대한 갈망이 없으면서? 하지만 오히려 그래서 '적절한 거리'를 가지고 읽을 수 있었던 것도 같다. 그 절절함과 치열함에 공감하면서도, 한편으로 이 싸움이 '여성'을 넘어 '여성적'인, 그리고 '여성주의적'인 리더십에 대한 고찰로 더 나아가야 함을 보게 된 것은 '평신도 여성 신학자'의 눈이어서 가능했던 것 같다. 여기서 '여성적'이란 돌봄 목회, 은사 집회를 의미하는 것이 아니다. '쪼기 서열'의 가부장제 문화가 가득한 교회 안에서 하나님께서 여성에게 부여하신 다양한 재능과 시선, 능력들이 제도적으로 발현되는 것을 뜻한다. 이런 점에서 '여성적'이란 '아직 제도 안에서 실현되지 않은 인간성의 반'이다, 우리의 할 일은 이것을 제도 안으로 가져오는 것이다. 이제 생물학적 여성들 개인의 자리 차지하기를 넘어, 하나님이 창조하신 여성들의 능력과 의미와 언어가 제도를 가득 채울 때이다.

Behind Story

1부

투쟁의 역사: 1932~2021

01.
가부장적 성경 해석에 맞섰던 조선의 여성들

분열 전 장로교 총회 여성 안수 논의 역사

구권효·나수진

> 우리 장로교회는 아직도 장로와 집사(안수집사)의 권도 주지 않고 공공연하게 남녀를 차별한 헌법을 만들어 놓고 여권의 신장을 막고 있다는 것은 참 모순도 심한 모순이올시다. (중략) 이 같은 차별적 헌법은 남녀평등이니 여자 해방이니를 강단에서 외치는 우리의 주장과는 근본적으로 배치되는 것이며 이 법을 하루를 더 둔다면 우리 스스로를 하루 더 모욕함이요, 교회 발전을 그만치 지연시키는 것이라고 생각합니다.[1)]

지금도 한국교회에 유효해 보이는 위 글은 무려 88년 전 나온 것이다. 조선예수교장로회 함남노회 성진중앙교회에서 사역하던 김춘배 목사는 당시 교계 연합 신문 역할을 하던 〈기독신보〉에 1934년 8월부터 '장로교 총회에 드리는 말씀'이라는 제목의 글을 3회 연재했다. 그중 두 번째 글 세 번째 소주제는 '여권 문제'였는데, 김 목사는 여기서 '여성 장로제'를 기각한 총회를 신랄하게 비판했다. 일부 교단은 그로부터 88년이 지난 지금까지도 이 차별적 헌법을 고수하고 있다.

한국교회의 고질적 문제 중 하나는 구성원 반수가 넘는 여성들이 의사 결정 권한을 가진 자리로 갈수록 급격히 줄어든다는 것이다. 한국교회 80% 이상을 차지하는 장로교회의 경우 당회는 목사

---

1) 1934년 8월 22일 자 〈기독신보〉 977호, '長老會 總會에 올리는 말슴'

와 장로로 구성된다. 여성 안수가 도입된 교단에서도 여성 목사·장로 비율은 매우 낮다. 아직도 여성에게 안수직을 주지 않는 교단은 교회의 모든 의사 결정을 남성들이 한다. 여성이라는 이유만으로 의사 결정 권한을 주지 않는 것은 구조적인 차별이다.

교회 밖 사회에도 여전히 성차별이 존재하지만, 이제 적어도 대놓고 구조적 차별을 정당화하지는 않는다. 하지만 한국교회에는 아직도 여성에게 안수직을 주지 않고, 이를 성경적·신학적이라고 주장하는 교단이 있다. 주요 교단 중에는 대한예수교장로회 합동과 고신, 합신 등이 있다. 우선 한국 장로교회가 분열하기 전까지 여성 안수와 관련해 어떤 논의가 있었는지 짚고 넘어가려 한다. 고어(古語)는 최대한 원문을 살리되, 지금 우리가 이해할 수 있을 정도로 자구를 수정했다.

88년 전에도 있었던 '지면 논쟁'

총회 차원에서 최초로 여성 안수가 언급된 것은 지금으로부터 90년 전, 한국 장로교의 모태인 조선예수교장로회 시절이었다. 1930년 당시 미국장로교회(PCUSA)가 여성 장로제를 채택하자, 경안노회는 1932년 조선예수교장로회 21회 총회에 교단 입장이 무엇인지 질의했다. 21회 총회는 "경안노회에서 문의한 '미국북장로회에서 여장로 세운 것은 어느 성경에 근거하였으며 동일한 신조 아래에 있는 우리는 왜 달리 해석하느냐' 하는 것은, 미국 북장로교에서 여장로 세운 것은 우리가 상관할 것이 없고 우리 조선 장로교는 본 정치에 의하여 여장로를 세울 수 없사오며"라고 답했다.[2)]

하지만 이듬해 함남노회는 정식으로 여성에게 장로 및 총대 자격을 부여해 달라고 헌의한다. 이와 동시에 함남노회 최영혜 여전도회장 외 여성 103명이 연명해 여성에게 치리권을 달라고 총회에 헌의했다. 이 안건은 1933년 조선예수교장로회 22회 총회에서 다뤄졌으나, 정치부는 "정치 제5장 3조(교단 헌법 중 목사의 자격 부분 - 편집자 주)를 개정할 필요가 없으므로 허락할 수 없사오며"라는 말로 기각해 버렸다. 여성 총대 안건은 별다른 설명도 없이 "허락할 수 없는 일이오며"라는 말로 기각됐다.[3)]

함남노회 여신도들은 굴하지 않았다. 이듬해 1934년에는 함남노회 여신도 639명이 연명해 여성에게 치리권을 달라는 안건을 총회에 올려 달라고 노회에 청원했다. 그러나 함남노회는 "연년이(여성 안수) 문제를 총회에 제출하기 미안하다"는 이유로 여신도들의 청원을 총회에 올리지도 않았다.

하지만 교회 내 여성의 지위를 향상해야 한다는 담론은 이미 계속되고 있었다. 한국교회 최초의 초교파 신문이었던 〈기독신보〉는 1920년대부터 해외 소식을 전하며 교회 내 여성의 지위에 대해 꾸

---

2) 조선예수교장로회 제21회 총회 보고서(1932), 50쪽

3) 조선예수교장로회 제22회 총회 보고서(1933), 65쪽

준히 보도해 왔다. 조선 교회 여성들이 직접 쓴 글을 싣기도 했다. 1930년 1월 감리교와 장로교 여성 11명이 4번에 걸쳐 연재한 '여전도인의 불평과 희망'이라는 글이 대표적이다.

1934년에는 서두에서 언급한 일명 '김춘배 목사 필화 사건'이 있었다. 김춘배 목사는 1934년 8월 22일 〈기독신보〉 977호에, 전년도 22회 총회에서 여성 관련 안건을 기각한 점을 지적하며, 여성이라는 이유로 안수직을 주지 않는 것은 남녀 차별이라고 비판했다.

> 작년 총회에 함남노회에서 여자에게도 장로 자격을 주자는 헌의와 겸하여 최영혜 씨 외 103인이 연서하여 여자에게도 치리권을 허락하여 달라는 청원을 하였었습니다. 이에 대한 정치부의 '정치 제5장 3조를 개정할 필요가 없으므로 허락할 수 없사오며'라는 간단한 보고에 의하여 이 헌의는 부결되고 말았습니다.
>
> 이 보고문이 그 헌의와 청원을 부결하는 이유의 만족한 설명도 되지 못하는 것 같습니다마는, 그 헌의를 채용치 못함은 심히 유감이며 그같이 부결한 원인이 어디 있는지 이해가 힘든 바입니다. 아직까지도 남존여비의 낡은 풍습을 고수함도 아닐 것이요, '여자는 거내이불외居內而不外하라(안에 머물고 바깥일을 말하지 않아야 한다 - 편집자 주)'는 남루가 된 도덕을 지키느라고 그러는 것도 아닐 것이요, '여자는 조용히 하

여라', '여자는 가르치지 말라'는 2000년 전의 지방 교회의 교훈과 풍습을 만고불변의 진리로 알고 그러는 것도 아닐 터인데요. 그렇지 않으면 장로교회 내 여성들의 지식 정도와 기타 등등이 아직도 남성들에게 미치지 못하는 데 원인함일까요.

같은 땅 안에서 똑같은 역사의 길이를 가지고 있는 감리회는 상하 모든 회에 있어 남녀 간 아무 차별과 현격이 없을 뿐 아니라 교회 최고 기관에서 그 위를 점하고 여목사까지도 있는데, 우리 장로교회는 아직도 장로와 집사(안수집사)의 권도 주지 않고 공공연하게 남녀를 차별한 헌법을 만들어 놓고 여권의 신장을 막고 있다는 것은 참 모순도 심한 모순이올시다. 이 같은 차별적 헌법을 고수한다는 것은 여자의 향상을 저해하는 것이오. (중략)

여자의 정도程度가 아직 뒤떨어짐이 있다면 그것을 향상시킬 만한 기회와 권을 주어야 합니다. 그들에게 치리권을 주는 것은 활동할 무대를 주는 것이요, 향상할 기회를 주는 것이 될 것이올시다. 따라서 우리 교회의 힘을 크게 하여 발전을 촉진합시다. 그런 고로 금년 총회에서는 하회의 헌의가 있건 말건 주저치 말고 여자에게 치리권을 부여하였으면 좋겠습니다. 이 같은 차별적 헌법은 남녀평등이니 여자 해방이니를 강단에서 외치는 우리의 주장과는 근본적으로 배치되는 것이며 이 법을 하루를 더 둔다면 우리 스스로를 하루 더 모욕함이요, 교회 발전을 그만치 지연시키는 것이라고 생각합니다. (중략) 여자 치리권은 마침내는 주고야 말 것이며 그같이 될 줄 굳게 믿는 바입니다. 아니 주지 못할 것이요, 우리 정신의 어그러지는 헌법 조문을 그대로 두고 여권 부여를 지연함은 후일에 스스로 배꼽을 쥐어뜯는 한을 남길 뿐일 것이매 이에 대한 처단의 속함이 있기를 바라는 바입니다.[4)]

김춘배 목사의 글이 실린 〈기독신보〉 977호에는 여성 안수를 반대하는 글도 실렸다. 교회 내 여권 문제에 대한 '지면 논쟁'이 벌어진 것이다. 서울 중화읍교회를 담임하던 채정민 목사는 '정통의 교회도 속염俗染은 가외可畏(세속에 물드는 것 두려워해야 - 편집자 주), 여자에게 언권 없다'는 제목의 글에서 성경을 근거로 성차별적인 주장을 펼쳤다.

(전략) 사람을 창조하실 때부터 선후가 있고 직분이 다르다. 아담은 주장자요, 하와는 보좌자이다(창 2:18). 범죄 후에는 더욱 직분이 판이하였다. 남자는 사업이요, 여자는 생산이다(창 3:16~19). 그런 고로 남자에게는 사업대로 봉급을 주어 교역을 시키려니와, 여자에게 봉급을 주어 교역을 시키면 누구를 대신 보내 생산을 시키며 아동을 교양하며 가산을

4) 1934년 8월 22일 자 〈기독신보〉 977호, '長老會 總會에 올리는 말삼'

> 정리하여 남용여역男傭女役(남성의 할 일과 여성의 역할 - 편집자 주)을 지도케 하겠느뇨(잠 31:15). (중략) 이상 성경 구절을 보고야 어찌 여자 목사, 여자 강도를 허하리오. 성경은 시대를 초월하였다. 절대로 시대별로 말하지 못할 것이요, 여자 학식도 말하지 못할 것이다. (중략) 어느 여목사가 자기 아들에게 성경을 교수하다가, 그 아들이 말하기를 '디모데전서 2:12에 여자는 가르치거나 남자를 주관 말고 조용하라 하였는데 어머님은 왜 목사 노릇을 합니까' 하면, 그 여목사는 틀림없이 성경이 잘못되었다든지 아이는 성경 볼 필요가 없다든지 무슨 기괴한 말을 하지 않을 수 없을 것이다.[5)]

김춘배 목사와 채정민 목사의 지면 논쟁 2주 후 9월 5일, 함남노회 최영혜 여전도회장은 〈기독신보〉에 채 목사 주장에 대한 반박문을 게재한다. 최영혜 회장은 채 목사 주장을 조목조목 옮겨 적으며 낱낱이 비판했다.

> '사도 시대부터 여자의 신앙이 남자보다 승한 점이 많으나 강도권과 치리권은 남자에게만 주셨다' 하나, 주님 당시 교회 제도가 없었으니 만치 치리권을 남자에게만 주고 여자에게는 허락지 않았다는 말씀도 없습니다. 다만 주님께서 최후

5) 1934년 8월 22일 자 〈기독신보〉 977호, '正統의 敎會도 俗染은 可畏 女子에게 言權 없다'

에 부탁하신 말씀은 '너희는 땅끝까지 내 복음을 전하라' 하셨으며(눅 24:48~53), '너희'라 하신 말씀 중에는 남자만 아니고 여자도 있지 않습니까. 오순절에 성신도 남녀 차별이 없이 각 인에게 임하셨고 우리 주님께서 사망을 이기시고 부활하신 후 최초에 여제자 마리아에게 보이시고 명하신 말씀은 '너는 가서 내 동생들에게 나의 산 것과 하느님께로 올라갈 것을 말하라' 하셨으니(요 20:17), 공포심에 눌린 남제자에게 활기 있고 권위 있는 소식을 전하라는 직분은 여신도에게 먼저 주셨으니 어찌 여자에게 언권이나 치리권이 없사오리까.

(중략)

'여자에게 봉급을 주어 교역을 시키면 누구를 대신 보내 생산을 시키며 아동을 교양하며 가사를 정리하며 남용여역을 지도케 하겠느뇨' 하나, 남자는 치리권이 있으니 가사를 돌아보지 않고 남편의 권을 타인에게 대신하게 하여 교회의 치리자가 됩니까. 어떤 여자가 교회 치리권이 있다고 가사를 돌아보지 않고 생산권을 타인에게 대신하게 하겠습니까. 그것은 너무 지나친 염려입니다. 남녀 물론하고 처지와 형편을 따라 직분에 피임될 것이요, 교역자 된 남성이 자기 남편 직분을 떠나서 교역에 종사하는 것을 저는 보지 못하였습니다. 남자이면 물론 치리권이 있으나 그렇다고 다 치리자가 될 것이 아닌 것같이, 여자도 치리권이 있다 하더라도 가사를 돌아보지 않고 다 치리자가 될 것은 아닙니다.

또 '여자가 예언할 때나 기도할 때 머리에 쓰라'고 한 바울의 말씀을 주장하나, 금일도 여자가 굴뚝 같은 치마나 수건을 머리에 쓰지 아니하면 교회에 나아가 공동 기도할 수 없을까요. 성경을 어찌 단편적으로만 생각하십니까. 바울 당시 고린도교회 부녀들이 분수에 넘치는 권리를 행사한 것은 예수께서 여자에게서 탄생하신고로 여자의 지위 존귀하였고, 또 주님 당시 남제자 중 가룟 유다는 은 삼십에 자기 주를 팔았으나, 그 반대로 여신도 마리아는 삼백 냥의 가치 되는 향기름으로 주님의 몸에 부었으며(막 14:4~5), 그 반대로 여제자들은 가슴을 치며 예수를 따라갔고(눅 23:27), 베드로는 주를 3차나 저주까지 하며 배반하였습니다(마 26:71~72). 그 반대로 부녀들은 주의 십자가까지 갔고(요 19:15), 열두제자는 주의 무덤을 버리고 다 도망하였으나, 그 반대로 여성도들은 향속을 사 가지고 주의 몸에 바르려고 무덤까지 갔으니(막 16:1), 이러한 모든 사실을 듣고 알게 된 고린도교회 여성들은 너무도 질서 없이 권리를 남용할 뿐만 아니라 구원함과 하느님의 말씀이 자기들에게서만 낳다고 주장하는 고로 바울 선생은 그들을 교훈하기 위하여 하신 말씀입니다(고전 14:30). 절대로 후세 여신도들까지 주님의 교회에서 언권이나 치리권이 없다 하신 말씀이 아닙니다. 바울 선생 말씀 중에도 '남자는 여자에게서 낳다'(고전 11:12) 또 말씀하시기를 '그리스도 예수 안에서는 남자 여자가 차별이 무하다' 하였지요

(갈 3:28). (중략)

현 사회에서도 남녀 차별을 아니하는 이때에도 기독교 안에서 남녀 차별할 까닭이 없으리라고 생각합니다. 특히 여성은 교회에서 권리가 없으므로 책임감이 느껴지지 않습니다. 제가 주의 도를 받은 지 28년인데 이러한 모든 것이 유감의 원인이 되어 다년간 기도하던 중, 작년에 104인의 동의를 얻어 여신자에게도 남성과 동일한 교회 치리권을 달라는 청원을 함남노회를 거쳐 총회에 진정하였던 바, 총회에서는 정치 5장 3조를 개정할 필요가 없다는 조건으로 여지없이 퇴각을 당하였으나, 역시 금년에 함남노회 구역에서 22교회 여신자 639인의 동의를 얻어 재차 함남노회를 거쳐 총회에 올리고자 하였던 것입니다.[6]

여성 안수 불가는 '만고불변의 진리'

조선예수교장로회 23회 총회가 열리기 직전인 1934년 8~9월 교단지에서 이 같은 지면 논쟁이 일었지만, 정작 총회에서는 실망스러운 결과가 나왔다. "이번 총회에서는 주저치 말고 여자에게 치리권을 부여했으면 좋겠다"는 김춘배 목사의 바람과는 정반대

6) 1934년 8월 22일 자 〈기독신보〉 977호, '正統의 教會도 俗染은 可畏 女子에게 言權 없다'

로, 23회 총회는 오히려 '김춘배 목사의 성경 해석 문제'를 조사하는 연구위원회를 구성했다. 연구위원은 당시 평양신학교 교수나 큰 교회 담임으로 재직하던 나부열·부위렴·염봉남·윤하영·박형룡 목사가 맡았다.

연구위원회는 1년 후 1935년 9월 조선예수교장로회 24회 총회에서 결과를 발표했다. 한국 장로교회가 총회 차원에서 처음으로 여성 안수에 대해 연구한 결과물이었다. 연구위의 결론은 "김춘배 목사의 성경 해석은 큰 오류"이고 "도무지 용납할 수 없는 해석"이며 "사도 바울이 고린도전서와 디모데전서에서 여자의 교회 교권을 불허한 말씀은 만고불변의 진리"라는 것이었다.

> 성진중앙교회 목사 김춘배 씨가 〈기독신보〉 제977호에 '장로회 총회에 올리는 말씀'이라는 문제로 기재한 논문 중 '여권 문제'라는 대지하에 사도 바울이 '여자는 조용하여라', '여자는 가르치지 말라'고 한 것은 '2000년 전 한 지방 교회의 교훈과 풍습'이요 '만고불변의 진리'가 아니라는 의미의 성경 해석을 술한 것은 큰 오류(誤謬)라고 인정하나이다. 사도 바울이 고린도전서와 디모데전서에서 여자의 교회 교권(敎權)을 불허한 말씀은 2000년 전 한 지방 교회의 교훈과 풍습을 의미한 것이 아니라 만고불변의 진리입니다.
>
> 고린도전서 14장 33~35절에 '모든 성도의 교회에서와 같이 부녀는(헬라어 성경 원문에 33절 문구가 34절에 연접하였음) 교

회 가운데서 잠잠하라. 저희의 말하는 것을 허락함이 없느니라' 한 말씀에 대해, 성경을 시대사조에 맞도록 자유롭게 해석하는 사람들은 성경 본문을 떠난 여러 가지 구구한 설명을 붙이면서 주장하기를, 사도 바울이 여자의 교권을 금한 이 말씀은 고린도의 특수한 교회에게, 특수한 기회에, 특수한 교훈으로 준 것이요, 당시 모든 교회를 위하여 법을 세우려 한 것이 아니며, 장래 모든 교회를 위하는 의사는 더욱 없었다고 하나이다. 이런 해석은 여권운동이 대두하는 현대사조에 환영을 받는 해석은 되지만, 성경 본문에 상하 문맥을 살펴볼 때 도무지 용납할 수 없는 해석입니다. (중략)

고린도전서 14장에 여자의 교회 공석상 언권을 불허한 것도 그 교훈 강도권과 치리권을 모두 금지하는 의미를 가진 것은 분명하지만 디모데전서 2장 12절에는 두 가지를 갈라 말하였으니 즉 '가르치'는 것을 허락지 아니하여 여자의 공예배석에서의 교훈 강도권을 금하고 또 '사나이를 주관하는 것을 허락지 아니'하여 그 교회 치리권을 금하였나이다. (중략) 그런데 바울은 여기서 여자에게 교권을 불허하는 이유 두 가지를 다시 말하였으니 (1) 13절에 '아담이 먼저 지음을 받고 하와는 후에 지음을 받았으며'라고 말하여 창조의 차례에서 여자가 남자보다 뒤졌다는 것을 지적하였나이다. (중략) (2) 다음에 14절에는 바울이 하와가 아담보다 먼저 유혹을 받아 죄에 빠진 사실을 말하여 선천적으로 여자는 남자보다

교도(敎導)의 재능이 결핍함을 지적하였으니 그것은 여인의 교권을 금함에 보다 더 강한 이유였나이다. 그리고 15절에서 여자의 천직은 가정생활이라는 의사를 표시하였다는 것도 여러 성경학자의 주장하는 바 참고할 만한 견해라고 생각하나이다. 그러면 창조의 차례와 천부(天賦)하신 재능에 의하여 교회에서의 남녀의 지위와 직무가 다르다는 것을 가르친 이 말씀을 어찌 일시적 지방적 교훈으로 볼 수 있겠습니까. 하나님이 정하여 놓으신 원리 원칙에 의하여 명령된 것은 아무래도 만고불변의 진리 됨이 분명합니다. (중략)

성경은 여자의 교권을 불허한 것이 분명함에도 불구하고 여권운동이 대두하는 현 시대사조에 영합하기 위하여 성경을 자유롭게 해석하는 것은 그 정신 태도가 파괴적 성경 비평의 정신 태도와 다름이 없나이다. 성경 상하 문맥에 가르친 말씀은 돌아보지 않고, 세상 사람의 욕심에 맞도록 난데없는 딴 해석을 붙이는 것은 성경의 신성과 권위에 대한 막대한 능욕입니다. 이렇게 성경을 경멸히 여기는 인물들은 성경을 하나님의 말씀이요, 신앙과 본분의 정확 무오한 유일의 법칙으로 믿는 우리 장로교회의 교역자로 용납할 수 없나이다.[7]

7) 조선예수교장로회 제24회 총회 보고서(1935년), 85~89쪽

이에 따라 연구위원회는 김춘배 목사를 치리해야 한다고 했다.

> 성경의 파괴적 비평을 가르치는 교역자들과 성경을 시대 사조에 맞도록 자유롭게 해석하는 교역자들을 우리 교회 교역계에서 제외하기 위하여 총회는 각 노회에 명령하여 교역자의 시취 문답을 행할 때에 성경 비평과 성경 해석 방법에 관한 문답을 엄밀히 하여 조금이라도 파괴적 비평이나 자유주의의 해석 방법의 감화를 받은 자는 임직을 거절케 할 일이오며 이미 임명을 받았던 교역자가 그런 교훈을 하거든 노회는 그 교역자를 권징조례 제6장 제42조, 43조에 의하여 처리케 할 일입니다.[8)]

김춘배 목사는 23회 총회가 자신에 대한 조사를 목적으로 한 연구위원회를 구성하자, 1935년 2월 20일 이미 위원회에 '석명서'를 보내 자신의 입장을 철회했다.

> 〈기독신보〉에 게재된 '여권 문제'에 관한 필자의 석명
>
> 〈기독신보〉 제977호에 게재한 '여권 문제' 중에 교회에 폐해를 끼칠 문구가 있다 하여 총회에서 논의되고 연구위원

8) 조선예수교장로회 제24회 총회 보고서(1935년), 89쪽

을 택하기에 이르러서 여러분들에게까지 걱정을 끼쳐드리게 됨은 필자로서는 황송함과 책임의 중대함을 느끼고 이에 필자의 본의를 고하여 여러분에게 참고하게 하려 하니 하량하소서.

1. 그 게재문의 근본 의도가 성경을 해석하려 함이 아닙니다.
2. 우리 조선예수교장로회에도 벌써부터 여자가 교회에서 가르치고 있는 사실에 의하여 그같이 말한 것이올시다.
3. 그러나 그 문구가 만약 성경의 권위와 신성을 손하고 교회에 폐해가 미칠 염려가 있다면 책임의 중대함을 느끼고 취소하기를 주저치 아니하나이다.[9)]

연구위는 이같이 김 목사가 석명서를 보내 왔으니 소속 노회에 참고하게 할 것이라며 보고서를 마무리했다. 여성에게도 안수를 줘야 한다고 주장했던 목사에 대한 교단의 첫 반응은 '징계 위협'이었다.

9) 조선예수교장로회 제24회 총회 보고서(1935년), 89~90쪽

쟁쟁한 신학자들에게 "성경 오해했다"

연구위원회 보고서는 24회 총회 회의록과 〈기독신보〉에 게재됐다. 이를 본 장민숙이라는 여성은 총회가 끝난 뒤 1935년 10월 16일과 23일, 30일 세 차례에 걸쳐 〈기독신보〉에 '기독신보를 읽고서'라는 제목으로 글을 썼다. 장민숙은 "목사도 아니고 전도부인도 아닌 평신도의 눈으로" 24회 총회를 비판했다. 그는 "교파 분쟁, 권리 다툼, 여권 문제 반대, 신구약 저자 논쟁, 그야말로 중세기 한가한 선배들이 바늘 끝에 천사가 몇 명이나 머물 수 있겠느냐 없겠느냐 토론한 것과 무엇이 다를 것이냐"고 강하게 규탄했다.

> (전략) 예수님 당시에 유대 나라가 퍽이나 남존여비의 사상이 뿌리박힌 것을 볼 수 있으니, 예를 들면 같이 죄를 범하였어도 여자만 끌고 왔던 것만 봐도 알 것이다. 이때 예수님이 어떻게 치리하셨는가. 그에게 구원을 허락치 아니하셨나. '너는 여자이니 유대국 사상에 의하여 벌주어야 되겠다'고 안 하셨다. 활발한 베드로 실수할 때 '너는 남자이니 용서하겠다'고 하신 예수님은 성경에서 찾아볼 수도 없다. 오직 예수님 세상에 계실 때 하루 저녁이라도 잘 대접하겠다고 분주히 음식 준비한 이도 여자이고, 떠나시기 전에 귀한 말씀 더 배우려고 애쓴 이도 오직 그 시대 어려운 남존여비 시대에 있는 마리아의 가정 아름다운 형제가 아니고 무엇이랴. 활

발한 베드로는 세 번이나 모른다고 도망갔으며 마가 요한은 홑이불만 감은 채 도망하지 않았는가. 그러나 그 외 여러 부인들은 어찌 되었는가. 칼을 들고 몽치 가지고 창을 비켜 든 틈에서라도 모든 부인들 슬피 통곡하며 따라갔다. 그뿐이랴. 무덤에 먼저 간 이도 여자이며 예수를 먼저 뵌 이도 여자이며 제자에게 첫 번 전도한 이도 여자이다. (하략)[10]

재작년에 어떤 목사님과 어떤 여선생이 '여자가 목사 될 수 없다, 될 수 있다' 많은 성경 구절까지 인용하여 글을 쓴 것 본 기억도 난다. '아직 조선은 시기상조'라면 모르거니와 '절대로 안 된다'는 것은 1000만 여성을 무시하는 것이다. 아니 교회에서 그런 말이 나와야 할 것인가. (중략)

세상 정치계에서도 여자가 대활약하거든 하느님나라에서야 어찌 남자와 같이 일을 아니할 것인가. 목사가 교회 위하여 땀을 흘리는가. 반드시 여자도 같이하여야 할 것이다. 순교한 이가 있는가. 어서 여목사도 있어서 예수님 위하여 순교할 만한 교역자가 조선에서 나기 바란다. 치리하지 말고 어서 나기를 바라야 한다. 칼이 잘 드는지 안 드는지 전쟁에 가서 시험하기 전에는 도저히 그 힘을 확실히 모른다. 아직 여목사가 조선 사람 중에 없고 또 조선의 장로교에서는 절대로 여

10) 1935년 10월 23일 자 〈기독신보〉 1038호, '기독신보를 읽고서(2)'

자는 설교권을 안 주니까 얼마나 손해인가. (중략)

나는 지금 목사가 얼마나 많이 세상으로 보아서 타락한 이가 많은지 알 수 없다. 그러나 여목사가 많이 생기게 되면 그런 재미없는 일은 없을 줄 바라고 참으로 목사다운 여자 목사가 조선에서 나기 바란다. 따라서 여러분 1000만 우리 여성들이여, 우리 권리, 우리 이상, 우리 할 사업 누구의 할 것입니까. 마땅히 우리가 해야 되겠습니다. 가정에서부터 귀한 하느님의 자녀를 기르실 때 부모 되시는 분은 아들과 딸을 당신의 소유가 아니고 물건이 아닌 이상 여자라고 천대하지 말아야 합니다. 사람을 중히 여기지 않는 가정이나 사회는 망하고 마는 것입니다. 다 주님의 나라와 부패한 이 사회에 한 줌의 비료라도 되기 위해 교육하고 부모의 전 책임을 쏟아 놓을 것뿐입니다. 이렇게 된다면은 할 일 많은데, 지금 이번과 같은 결의 조건은 생기지도 않을 것입니다. 남녀 차별을 버리고 예수님과 같이 인류 구원하기 위해 남녀가 다 일하러 나서야겠습니다. 우편 좌석이나 좌편 좌석을 차지할 분은 있습니다. 역시 하느님의 자녀랍니다. 누구에게 올지 모르나 하느님 자유에 있습니다. 여러분 여성들이여, 용기를 내소서.

구라파에서는 동등을 외친 소리가 오래였으며 현재 혁명가가 얼마나 많은지 아실 것입니다. 사회에 눈뜨시고 우리가 가져야 할 책임을 반드시 가져야 되겠습니다. 이 점에 있어서 먼저 어느 사회보다도 기독교 신자가 먼저 여성운동 전선에 희생자가 안 되면 누가 되겠습니까. 무엇이든지 철저한 정의의 여성운동을 방해하지는 않을 것입니다. 이 의미에서 여성운동 반대하지 말기를 여러 교역자께 바라는 바입니다. (중략)

한 가지 통탄할 일은 우리 조선은 여자 사회가 캄캄한 밤중이다. 언제나 깊이 든 꿈속을 뛰어나와 뒤떨어진 우리 갈 길 달음질쳐야 하겠다. 꼭 우리의 권리는 우리에게 있습니다. 우리가 잃어버렸으니 우리가 찾아야 할 것입니다. 달라고 할 대상을 찾으려고 하지 말고 사실상 무엇으로 보든지 피동적이었으니 자발적으로 모든 사업을 순서 있게 하기 위하여 부단의 노력을 하여야 하겠다는 것을 주장하고 앞날의 성공을 예약하고 〈기독신보〉 독후감과 신자로서의 우리 교회가 너무도 문제가 많은 것을 비통히 생각하고 소나기 온 후 별이 나는 것과 같이 어서 속히 흑운의 막이 걷어지기를 기도하면서.[11]

최영혜 함남노회 여전도회장도 이듬해인 1936년 1월 22일과 29일 두 차례에 걸쳐 〈기독신보〉에 '여권 문제에 대하여'라는 글을 게재했다. 최영혜 회장은 당시 교단에서 신학적으로 이름을 날리던 연구위원회 위원들을 상대로, 성경을 제대로 해석하지 못했

---

11) 1935년 10월 30일 자 〈기독신보〉 1039호, '기독신보를 읽고서(3)'

다며 정면으로 문제를 제기했다.

(전략) 성도답지 못한 남자가 교회의 최고 지위를 가지고 노회와 총회에서 질투 분쟁을 일으켜 세인에게 추태를 나타내는 남자가 많습니다. 바울이 고린도교회에 권리남용하는 여신도에게 '저들의 말하는 것을 허락치 않는다'는 말만 성구로 알고, 갈라디아 교인에게 '그리스도 안에서는 남녀 분별이 없다'는 말은 성경으로 간주하지 않으며, 부녀들을 도우라는 말과 겐그레아교회에서 여집사 뵈뵈를 자기와 같이 영접하고 성도의 합당한 대로 대접하라 하였으니, 대접이라 하는 것은 식물을 주는 것으로만 대접인가요? 바울과 같이 공기도권과 설교권과 행사할 수 있는 직권을 의미함이 아닌가요? (연구위원들이 - 편집자 주) 성도는 남자로만 아셨다 하면, 오해가 극심하든지 성경을 인식하지 못하였다고 아니할 수 없는 것은, 이 모든 성경이 증명하고 있는 남녀 동일한 교회 치리권을 알지 못함이, 아브라함이 하나님을 자기 가족적 하나님으로 안 것과 유대인이 하나님을 자기 민족적 하나님으로 편견한 것과 다름이 없지요.[12)]

(전략) 작년에도 중화의 채정민 목사가 '여자에게는 교회에

---

12) 1936년 1월 22일 자 〈기독신보〉 1051호, '女權 問題에 對하야(一)'

서 언권 없다' 하는 제목하에 우리 여성을 모욕적 언사로 저주까지 하고 성경을 짐짓 그릇 해석하여 〈기독신보〉에 기재한 고로 제가 즉시 〈기독신보〉를 통하여 변증하였거니와, 금번에 이 문제를 다시 진술케 됨은 총회 성경연구위원도 남녀성의 동일한 교권을 부인함으로 답변치 않을 수 없사오며, 제가 주의 도를 받은 지 31년 이상 모든 성경을 의지하여 여자에게 교회 치리권이 있는 것을 확신하였는 고로, 장로교 정치를 모르는 것은 아니나 제가 깨달은 것을 묵과할 수 없으며 일반 교우에게 각성을 촉진할 수밖에 없어서 1933년 함남에 있는 여신도 104인의 동의를 얻어 연명하여 함남노회를 통과하여 선천에서 개회된 장로교 총회에 남녀 동일한 교권을 달라고 청원하였더니, 정치를 개정할 필요가 없다는 조건하에 퇴각을 당하였으나, 1934년에 다시 함남에 있는 22처 교회 639인의 동의자가 연명해 함남노회를 경유하여 총회 제출하여 달라 하였더니, 함남노회는 연년이 문제를 총회에 제출하기 미안하다는 조건하에 퇴각함으로 제가 당석에서 일장 설명하고 만고에 유한을 품고 돌아왔습니다.

그러나 낙심치 않고 하나님께서 이루실 것을 믿고, 남자들이 여성에게는 치리권을 안 주는 것을 진리로 아는 것같이 '나는 치리권을 찾아야 하겠다'는 것은 내가 각오한 진리입니다. 여호수아가 가나안을 점령하여 그 땅을 자기 동족에게 주는 것이 주께 받은 사명이고 자기 책임인 고로, 이를 이행

> 하기 위하여는 교회 규칙의 부자유한 정치를 타파하지 아니하고는 우리 여신자는 주께 받은 사명을 다할 수 없으니, 하나님의 공의와 의분을 가지신 성도여 일어나셔서 이런 불공평한 교회 정치를 철폐하여 주시오며 총회 성경연구위원 여러분은 주의종 바울이 정한 성경 한 구절만 가지고 우리 여신도를 압박하고자 하나, 저는 우리를 구원하신 내 주의 모든 허락하신 말씀을 믿고 의지하여 이 일을 성취하는 날까지 약한 무릎을 꿇고 주님께 기도하나이다.[13]

이처럼 절규에 가까운 여성들의 목소리에도, 이후 10여 년간 총회에서 여성 안수 문제를 다룬 기록은 없다. 1946년 해방 후 첫 총회에서 여전도회연합회 지도자이자 여성 운동가였던 김필례·유각경·신의경·김말용 등이 치리를 무릅쓰고 여성 안수를 요구했으나, 총회는 "통일될 때까지 여성 안수는 보류한다"고 결정했다는 이야기가 전해 내려온다.[14] 이후 12년 뒤 1958년 43회 총회 때 "여전도대회에서 실행위원 김필례 씨 외 11명이 청원한 여장로를 피택케 하여 달라는 건은 허락할 수 없사오며"라는 결의가 있었다.[15]

1950년대는 조선예수교장로회가 대한예수교장로회로 이름을 바꾸고, 크게 분열한 시기다. 1952년 고신파가 떨어져 나가

13) 1936년 1월 29일 자 〈기독신보〉 1052호, '女權 問題에 對하야(二)'
14) 김양선, 『韓國基督教解放十年史』(1956), 52쪽
15) 대한예수교장로회 합동 총회 홈페이지 www.gapck.org

고, 1953년에는 대한예수교장로회와 한국기독교장로회로 분열했으며, 1959년에는 대한예수교장로회 합동과 통합으로 분열하면서, 여성 안수 논의 또한 각 교단에 따라 향방을 달리하게 됐다.

참고 문헌

〈기독신보〉 734~737호, 977호, 979호, 1037~1039호, 1051~1052호

조선예수교장로회 21~24회 총회 보고서

김양선, 『韓國基督教解放十年史』, 대한예수교장로회 총회 종교교육부, 1956

이우정·이현숙, 『기장 여신도회 60년사』, 한국기독교장로회 여신도회 전국연합회, 1989

양미강, '참여와 배제의 관점에서 본 전도부인에 관한 연구 ', 〈한국 기독교와 역사〉 제6호, 1997

서영임, '여성 목회자 안수의 역사와 전망-대한예수교장로회 통합 교단 중심으로', 숭실대학교, 2010

임희국, 『공감, 교회 역사 공부』, 장로회신학대학교출판부, 2014

홍인표, 『여성과 한국교회』, CLC, 2019

서선영, '1930년대 함경남도 장로교회 여성들의 자아 정체성과 치리권 청원', 장로회신학대학교, 2021

02.

여성들이 이뤄 낸 여성 안수의 역사

1974년 한국기독교장로회부터 2013년 기독교한국침례회까지

구권효

> 1938년 가을이었다. 전국 장로교 총회가 평양 서문밖교회에서 모였는데 그때에 여성 당회장권을 허락해 줄 것을 전국 여전도회에서 건의했었다. 총회 서기가 그 결의문을 읽자 전 총대들은 쑤셔 놓은 벌떼처럼 일어나면서 여성들을 향해 야유와 비웃음을 퍼부었다. 그때 어느 목사님은 '여편네가 피를 줄줄 흘리면서도 이 거룩한 자리에 서겠단 말인가?' 하고 빈정대는가 하면 또 다른 목사님은 '배때기가 남산만 해 가지고 어디를 올라오겠단 말이냐?' 하고 온갖 험한 소리를 퍼부어 대던 그 욕설과 핀잔의 소리가 귀에 들리는 듯 쟁쟁하였다. (중략) 나는 그때 그 참혹한 수모를 겪고 오늘의 이 기쁜 성취를 맛보지 못하고 유명을 달리한 여성 지도자들이 그날 아침에는 애석하기만 하여 교회 안에서 한없이 울었다.[1)]

1977년 한국기독교장로회(기장)에서 최초로 여성 목사가 배출됐다. 기장 여성 목사 1호가 된 양정신 목사는 후에 목사 안수받은 날을 회상하며 위와 같이 썼다. 기장은 보수적인 대한예수교장로회에서 1953년 갈라져 나오고서도 20년이 넘도록 여성에게 목사 안수를 주지 않았다. 여성 장로제는 1956년 비교적 일찍 시행된 반면, 여성 목사제는 1974년에 이르러서야 통과됐다.

여성 안수 역사는 여성 투쟁 역사다. 정도의 차이는 있을지 몰라

---

1) 한국염, 『평등/평화/생명의 길』, 동연, 98쪽에서 재인용

도 여성 안수를 쟁취하기 위한 여성 사역자들과 신자들의 투쟁은 교단을 불문하고 있었다. 당연한 권리를 얻기 위해 치른 대가는 컸다. 양정신 목사의 회고에서 볼 수 있듯이, 여성 사역자들은 여성이라는 이유만으로 갖은 차별과 혐오를 겪어야 했다. 이번 글에서는 여성 안수제를 도입한 교단들의 역사를 돌아보며, 교회 내 여성들이 어떻게 투쟁해 왔는지 간략히 살펴본다.

여자는 사람도 아니었나

기장 총회는 1956년 여성 장로제를 시행하기 위해 헌법을 개정하면서, 이상하게도 목사는 남성만 될 수 있도록 정했다. 여성 사역자들의 목사 안수를 위한 투쟁은 1957년부터 시작됐다. 1956년 결성된 기장 전국여전도사회는 이듬해 여전도회전국연합회 총회에서 '여성 목사제'를 교단 총회에 청원해 달라고 했다. 여성 목사제는 그해 기장 총회 안건으로 올라왔으나, 2년 동안 심의 부처만 바뀌어 가며 연구만 계속됐다. 1959년 기장 44회 총회는 "여목사 장립 제도는 원칙적으로 승인하는 것이 가하나, 그 규정과 정체는 한국교회 실정에 부합하도록 외국의 예를 참고하면서 금후 계속 연구키로" 결의했다. 말이 연구지 사실상 '보류'였다.

여성 목사 안수를 위한 투쟁이 다시 시작된 건 1968년이 되어서다. 그해 1월 기장 여교역자협의회(현 전국여교역자회)가 발족했고, 여교역자협의회는 여신도회전국연합회에 여성 목사제를 교단 총회에 청원해 달라고 했다. 이와 함께 당시 서울노회에서 시무하던 여성 사역자들이 교회를 통해 서울노회에 여성 목사제를 청원했다. 서울노회가 이를 받아 기장 53회 총회에 헌의해, 여성 목사제를 다시 총회 차원에서 논의하게 됐다. 여성 목사제는 총회에서 통과됐고, 헌법을 개정해야 하는 일이었기 때문에 전국 노회 수의收議를 거쳐야 했다. 그러나 이듬해 노회 수의 과정에서 찬반 5 대 5로 부결됐다.

이후 여성 목사제는 여신도회전국연합회 청원으로 1971년 56회 기장 총회 때 다시 다뤄진다. 이때도 총회에서는 안건이 통과돼 다시 한번 노회 수의를 거치게 됐다. 여성 신자들과 사역자들은 다시 고배를 마시지 않기 위해 여러 전략을 짰다. 여신도회는 노회장을 비롯한 목사들에게 서신을 보내고, 각 연합회 총회에 참석해 호소했다. '교회는 민주적인가?'라는 주제로 토론회를 열어 〈기장회보〉에 게재하기도 했다. 여성 사역자들도 동료 남성 사역자들에게 노회 수의에 찬성해 달라고 부탁했다. 그러나 이러한 노력에도 여성 목사제는 또다시 부결됐다. 수의 결과, 노회별로는 찬성 8 대 반대 2로 가결됐지만 찬성 표가 총투표수의 3분의 2를 넘지 못한 탓이다.

여신도회는 1974년 기장 59회 총회에 여성 목사제를 다시 청원했다. 이때 여성 목사제가 노회 수의를 거치지 않아도 시행될 수 있게 통과됐다. 그 이유는 당시 헌법에 기술된 '목사의 자격' 부분을 "35세 이상 된 자者"에서 "35세 이상 된 사람"으로 개정하면서,

'사람'이라는 말이 남성과 여성을 모두 포함한다고 총회 석상에서 확인했기 때문이다. 여성 신자들과 사역자들이 20년 넘게 싸워야 했다는 게 민망할 정도로 간단한 일이었다. 기장 전국여교역자회 50년사 『평등/평화/생명의 길』(동연)을 쓴 한국염 목사는 이렇게 썼다.

> 한편에서 보면 헌법 자구가 바뀐 것은 성령의 역사이고, 다른 한편에서 보면 어이없는 일이다. 총회가 헌법 자구를 수정하기 전까지는 여자는 사람이 아니었다는 말이기도 했으니….[2)]

여성 안수 시위하려면 '한복' 입고 해라?

대한예수교장로회 통합(예장통합)의 여성 안수 역사는 더욱 눈물겹다. 예장통합과 예장합동은 1959년 분열했다. 이후 1961년부터 시작된 예장통합 내 여성 안수 청원은 총회에서 통과되기까지 33년이 걸렸다. 1994년까지 교단 여성들은 거의 매년 총회에 여성 안수를 청원했다. 총회에서 투표에 부친 횟수만 14번이다. 여성 사역자들과 신자들은 13번 부결을 겪고 나서 14번째 여성 안수를 관

---

2) 한국염, 『평등/평화/생명의 길』, 동연, 90쪽

철한 것이다.

그 중심에는 예장통합 여전도회전국연합회가 있었다. 이들은 교단 내 여성들의 뜻을 모아 줄기차게 여성 안수를 총회에 청원했다. 설문 조사를 하고, 세미나·토론회·좌담회·간담회·기도회 등 생각할 수 있는 모든 방법을 취했다. 총회 전에는 호소문을 배부하고, 신문들에 기고하고, 직접 총대들을 만나 설득하는 등 전방위적인 활동을 펼쳤다. 구체적인 전략도 세웠다. 일례로 1977~1978년 여전도회는 여성 안수에 대해 "계속 총회에 상정하여 목적 달성을 할 때까지 적극 추진한다", "총회 둘째 날 오전에 다뤄 달라고 한다"는 등 세세한 계획까지 결의했다.[3] 그러나 강고한 남성들의 연대는 쉽게 깨지지 않았다.

1981년 예장통합 66회 총회 때는 여전도회가 자매 교단인 미국 남장로교회 121회 총회장이었던 여성 도로시 버나드 장로와 미국 연합장로교회 193회 부총회장이었던 여성 마가렛 타우너 목사를 초청했다. 이는 당시 〈조선일보〉에도 보도됐다. 1981년 9월 25일 〈조선일보〉 기사를 보면, 여전도회가 예장통합 총회 당일 시위 성격의 임원단 수련회를 열었고, 두 여성 장로·목사를 초청해 "여성 안수가 세계적인 추세임은 물론, 교단 대표까지 여성이 맡고 있다는 사실을 시위했다"고 나온다. 며칠 뒤 〈조선일보〉는 타우너 목사의 인터뷰를 싣기도 했다.

---

3) 이연옥, 『여전도회학』, 여전도회전국연합회, 324쪽; 330쪽

1987년부터는 교단 내 여성 전도사들도 여교역자회를 만들어 본격적으로 힘을 보탰다. 1988년 9월 12일 73회 총회 당일에는 예장통합 여교역자 20여 명, 여신학생 170명, 타 교단 여교역자 20여 명 등이 총회가 열리는 장소에서 피켓 시위를 벌였다. 하지만 총회에서 여성 안수는 계속 부결됐다. 교계 언론뿐 아니라 일반 언론에서도 관심을 가지고 보도하던 사안이었지만, 남성 목사들은 여성 안수를 주장하는 여성들을 조롱하기도 했다. 다음은 1988년 10월 2일 자 〈한겨레〉에 실린 '여성 안수 불허에 여전도사들 반발'이라는 제목의 기사 중 일부다.

> 이번 총회에서는 여전도사들과 전국여신학생연합회 학생 등 200여 명이 총회가 열리는 장소에서 '50년을 기다려 왔습니다', '여성 안수는 하나님의 뜻입니다', '여성도 하나님의 형상대로 창조되었습니다' 등의 피켓을 들고 침묵시위를 벌였다.
>
> 그러나 총회 쪽은 '조용히 있으면 준다', '50년 기다렸으니 50년 더 기다려라', '하려면 한복 입고 해라'는 등의 무성의한 반응을 보이고 총회에서도 찬반 토론이나 재적 인원에 대한 확인 없이 찬반 투표로 처리해 여전도사들의 쌓인 불만을 더욱 부채질한 결과를 낳은 것이다.

1989년 예장통합 74회 총회 때는 이런 일도 있었다. 이때도 여성 안수 안건을 총회 현장에서 투표에 부쳤다. 11번째 총회 투표였다. 결과는 찬성 377표, 반대 375표, 기권 10표. 찬성이 반대보다 많이 나왔는데도, 찬성 표가 과반이 되지 않아 안건은 부결됐다. 당시 표결 수만 보면 금세 통과될 것 같았지만, 이듬해 1990년 75회 총회에서는 381 대 558로 부결, 1991년 76회 총회에서는 551 대 620으로 부결됐다. 76회 총회에서는 외려 '여성 안수 청원이 부결될 경우 3년 헌의 불가' 를 결의했다. 하지만 이듬해 '여성안수연구위원회'가 설치됐고, 결국 3년 제한이 지난 1994년 79회 총회에 이르러서야 701 대 612로 여성 안수 제도가 통과됐다.

1961년부터 1969년까지 여성 안수제를 청원한 것은 언제나 여전도회였다. 여전도회가 전략을 바꿔 노회 차원에서 헌의하기로 한 후, 1970년 처음으로 서울노회가 여성 안수제를 총회에 청원했다. 이후 여성 안수를 헌의하는 노회는 점점 늘어 1994년 안건이 통과됐을 때는 당시 예장통합 노회 총 51개 중 24개가 여성 안수를 헌의했다. 여성들의 꾸준한 노력이 조금씩 여론을 바꿔 낸 것이다.

"여성 사제를 조속히 탄생시킨다"

대한성공회는 지난해 여성 사제 서품 20주년을 맞았다. 교단 내 여성 단체들은 9월 감사 성찬례를 열어, 여성 사제들의 이야기를 담은 다큐멘터리영화 '여성 사제'를 시청하고 기념집 『우리들의 사제』(성공회출판사) 발간을 알렸다. 『우리들의 사제』와 '여성 사제'에는 1999년 대한성공회 전국의회에서 여성 사제 서품이 통과되고, 2001년 최초 여성 사제가 나오기까지 어떤 과정이 있었는지 자세하고 생생한 내용이 담겨 있다.

대한성공회 여성 사제 서품 또한 여성들 투쟁의 결과다. 서울교구 의회에 처음으로 '여성 성직 수용(안)'이 상정된 것은 1994년이다. 몇 년 전부터 이를 위한 물밑 작업이 있었다. 서울교구 여성부의 건의로 1991년 주교 자문 기구 '여성성직위원회'가 설치됐다. 1993년에는 서울교구 여성부와 성공회여성연합 실무위원회가 '제1차 여성 정책 마련을 위한 협의회'를 열었다. 여기서 내린 결론 중 하나는 다음과 같다. "여성 사제를 조속한 시일 내에 탄생시켜 7할이나 되는 여성 신자들의 숨은 능력을 효율적으로 끌어 내고 교육할 수 있도록 해야 한다."[4)]

이에 여성성직위원회는 '여성 성직 및 교회 내 여성의 역할에 관한 설문'이라는 조사를 실시했다. 이 결과를 기초로 1994년 제29차 서울교구 의회에 여성 성직 수용안을 상정했다. 투표 결과 찬성 41표, 반대 44표로 부결됐다. 여성들은 좌절하지 않고 제2차 여성 정책 협의회를 열어 다시 한번 결의했다. "여성 사제의 조속한 탄생을 위한 노력이 필요하다", "여성의 교회 정책 참여를 위한

---

4) 대한성공회 전국여성성직자회, 『우리들의 사제』, 성공회출판사, 110쪽

제도적 장치가 필요하다". 이를 위해 1995년 제30차 서울교구 의회에 △각 교회 위원회에 30% 여성 할당제 △교구 의회에 교회당 1명 이상 여성 대표 파송 등을 청원했으나, 역시 찬성 41표 대 반대 44표로 부결됐다.

이후 1999년 전국의회 전까지 여성 성직이 논의된 적은 없었지만, 여성들은 지속적으로 교회 내 여성 지위 향상과 여성 성직 실현을 위해 노력했다. 설문 조사를 하고, 간담회를 열고, 교단 신문을 통해 지면 논쟁을 하고, 여성들을 위한 성서 교실을 여는 등 활동을 이어 갔다. 신학교에서는 학생들 중심으로 '여성성직연구회'가 만들어졌다. 1998년에는 성소 주일(성직을 포함해 하느님의 부르심에 대한 의미를 숙고하는 주일. 모든 교회가 신학교에 모여 예배한다)에 맞춰 '여성 성직 실현을 위한 1000명 서명운동'을 벌여 총 1300명의 서명을 받았다. 이를 토대로 1999년 전국의회 때 여성 성직 수용안이 상정·통과된 것이다.

대한성공회 안에는 성직자가 되기 위한 과정을 모두 마치고 부제 고시에 합격했다는 통보를 받은 후에도 수년간 서품을 받지 못하는 여성들이 있었다. 1999년 전국 의회에서 여성 성직이 통과됐지만, 서품 권한이 있는 주교들이 실제로 여성에게 사제 서품을 주기까지는 2년이 걸렸다. 대한성공회 최초 여성 사제인 민병옥(카타리나) 사제는 성직을 받기 위해 기다린 시간을 다음과 같이 회상했다.

그럼에도 불구하고 2년 후 함께 공부했던 남자 동기들만 부제 서품을 받았을 때는, '예수께서 왜 여성으로 오시지 않았냐고' 원망의 기도를 드리기도 했다.[5)]

1999년 10월 부제 서품을 받고는 노예해방이라도 된 것처럼 날아갈 듯이 기뻤고 행복했다. 그러나 1년 후 사제 고시 합격 통보를 받았음에도 불구하고 나만 사제 서품에서 제외되었을 때에는 두 번 죽는 기분이 들었다. 금식 기도를 드리며 하느님께 해답을 주시기를 간구했다.[6)]

'교세 확장' 노렸다 해도, 여성들 노력 없었다면

2000년대 들어서는 보수적인 성향을 띠는 교단들도 여성 안수제를 도입했다. 예수교대한성결교회(예성)가 2003년, 기독교대한성결교회(기성)가 2004년, 대한예수교장로회 백석(예장백석)이 2011년, 기독교한국침례회(기침)가 2013년 총회에서 여성 안수제를 결의했다.

기성은 1996년 교단 내 여성 기관들이 모두 연합해 '여성안수추진위원회'를 발족했다. 그해부터 호소문을 발표하고 세미나를

5) 대한성공회 전국여성성직자회, 『우리들의 사제』, 성공회 출판사, 57쪽
6) 대한성공회 전국여성성직자회, 『우리들의 사제』, 성공회 출판사, 59쪽

열고 책자를 발간하고 교단지에 기고를 하는 등 적극적으로 활동했다. 총회 때마다 회의장을 찾아가 총대 한 명 한 명에게 호소하는 여성 사역자들도 있었다. 여성 안수 안건은 8년간 총회에서 3번 투표에 부쳐졌으나 번번이 부결됐다. 하지만 교단 내 여성들의 지치지 않는 노력으로 결국 2004년 98회 총회에서 찬성 559 대 반대 106으로 여성 안수 제도가 통과됐다. 기성 총회에서 여성 안수가 통과됐을 때 방청석에 모인 여성 사역자들은 두 팔을 벌려 환호했다.

예성과 예장백석에는 아직까지 여성 안수제 통과를 위한 노력들을 정리해 놓은 문건이 없는 상태다. 하지만 그렇다고 해서 여성 안수제가 어느 날 갑자기 이뤄진 것은 아니다. 예성은 2003년 당시 총회장이었던 김재송 목사가 헌장 개정 기각으로 다뤄지지 않았던 여성 안수 안건을 긴급동의안으로 상정해 투표 없이 통과시켜 이듬해까지 문제가 되기도 했다. 이것만 보면 당시 총회장 개인의 강한 의지로 여성 안수제가 통과된 것으로 보이지만, 이 또한 여성들의 노력이 없었다면 이뤄지지 않았을 일이다. 김재송 목사는 〈뉴스앤조이〉와의 통화에서 "여성들이 10년간 총회에 여성 안수제를 상정했는데 번번이 기각됐다"고 회상했다. 예성 여목회자회 한 목사도 "선배 여성 사역자들은 여성 안수 역사를 '인동초忍冬草'에 비유했다"며 오랜 기간 여성 안수제 도입를 위해 노력해 왔다고 말했다.

이러한 보수 교단들이 여성 안수제를 도입한 이유는 여권 신장이 아니라 '교세 확장' 때문이라는 비판도 있다. 특히 예장백석 총회에서 2011년 여성 안수제가 통과될 때는 의심의 눈초리가 많았다. 하지만 그렇다고 해서 여성들의 노력이 없었던 것은 아니다. 예장백석 여성들도 1998년부터 총회에 여성 안수제를 상정했다. 예장백석 한 여성 목사는 〈뉴스앤조이〉와의 통화에서 "우리도 여교역자회에서 10여 년간 총회에 여성 안수제를 상정했다. 총회에서는 항상 굉장히 거부하는 분위기였다. 항상 무산되고 또 무산됐다"고 말했다. 기침 총회에서도 2004년 처음 총회에서 논의한 이후 10년 만에 여성 안수제가 통과됐다.

이처럼 여성 안수는 각 교단 여성들의 투쟁 결과였다. 여성 안수를 제도화하는 일은 결국 의사 결정권이 있는 남성들의 동의를 얻어야 하는 일이었기 때문에, 여성들은 남성들의 의식을 깨우고 돌이키려 물심양면 노력해야 했다. 뿌리 깊은 유교 문화 속에서 한국의 기독교는 한 세기가 지나서야 여성도 남성과 똑같은 권한이 있다는 사실을 제도적으로 인정할 수 있었다.

목사 되려면 결혼하지 말라고?

기독교대한감리회(감리회)는 교단이 만들어진 1930년부터 여성 목사를 인정했다. 1931년 미국에서 온 여선교사 14명이 감리회에서 목사 안수를 받았다. 하지만 한국 여성이 목사가 되는 일은 향후 20년 넘게 일어나지 않았다. 1955년 전밀라·명화용 목사가 목사 안수를 받으면서 최초의 여성 목사가 탄생했다. 이후 감리회는 지금까지 꾸준히 여성 목사를 배출해 오고 있다.

처음부터 여성 안수제가 교리와장정으로 보장됐다 하더라도 제도적 성차별이 없는 것은 아니었다. 감리회는 1972년 '담임자로 결혼한 여자 목사는 담임을 계속할 수 없다'는 조항을 만들었다. 이는 여성을 '보조적인 존재'로만 보는 시각이 그대로 반영된 결과였으며, 실제로 교단 여성들은 '목사가 될 것인가, 결혼을 할 것인가'라는 황당한 고민을 해야만 했다. 교단 여성들은 이를 성차별적 조항으로 보고 폐지 운동을 계속했다. 결국 이 조항은 1989년 폐지됐다.

2005년에는 '부부 목사는 한 교회에서 사역할 수 없다'는 조항이 만들어졌다. 이 또한 여성 목사에게 불리한 것이었다. 사실상 부부 목회를 하는 여성 목사에게 교회를 나가든지, 목사직을 포기하고 '사모' 역할을 하라는 의미였다. 실제 이 조항이 만들어질 당시 장정개정위원장은 "여자는 사모로서의 목회적인 영역이 있는데, 꼭 부목사로 목회를 해야 하느냐"고 말하기도 했다. 이는 만들어질 때도 반발이 심했고 감리회여성연대를 비롯한 개혁 진영에서 계속 폐지를 주장하고 있지만 현재까지도 존속하고 있다.

참고 문헌

서희건, 44년간의 爭點…女牧師-女長老制, 〈조선일보〉, 1981년 9월 25일

신세미, '여성牧師' 인정은 세계적 추세, 〈조선일보〉, 1981년 10월 3일

여성 안수 불허에 여전도사들 반발, 〈한겨레〉, 1988년 10월 2일

대한예수교장로회 전국여교역자협의회, 〈여성 안수에 관한 자료 모음집〉, 1992

이연옥, 『여전도회학』, 대한예수교장로회 여전도회전국연합회, 1993

이정연, '한국 개신교회 내 여성 지위와 여성 안수제 운동에 관한 연구', 서울대학교, 2006

천영숙, '기독교대한성결교회 여성 안수의 발자취', 〈성결교회와 신학〉 제34호, 2015

한국염, 『평등/평화/생명의 길』, 동연, 2019

대한성공회 전국여성성직자회, 『우리들의 사제』, 성공회출판사, 2021

03.
여성 안수 반대 논리는 90년 전과 얼마나 달라졌을까

국내 최대 교단 대한예수교장로회 합동을 중심으로

나수진

여성에게 안수직을 주지 않는 것은 명시적이면서도 구조적인 차별이다. 여전히 일부 교단에서는 여성들이 신학교에서 남성들과 똑같이 공부하고 졸업해도 목사가 될 수 없다. 동기와 후배들은 졸업 후 몇 년 만에 강도사·목사가 되는데, 여성들은 만년 전도사 신분이다. 강도권·성례권이 없는 여성 교역자들은 사역 범위가 심방·교육으로 제한되고, 적은 임금을 받으며, 성차별·성희롱에 쉽게 노출되기도 한다.

이러한 차별적 제도를 고수하고 있는 대한예수교장로회 합동(예장합동)이 한국에서 가장 규모가 큰 교단이라는 점은 아이러니다. 예장합동이 1959년 대한예수교장로회 통합(예장통합)과 갈라진 이래로, 총회에 여성 안수 청원이 올라온 횟수는 총 7번이다. 투표까지 간 적은 단 한 번도 없고, 교단 차원에서 연구위원회를 조직해 연구한 것도 고작 3번에 불과하다. 가장 최근인 2020년 총회와 2021년 총회에서도 각각 여성 안수와 여성 강도권이 다뤄졌는데 결과는 여전히 '불가'였다.

아직 여성 안수제를 도입하지 않은 교단들 상황도 예장합동과 비슷할 것이다. 이번 기사에서는 예장합동이 여성 안수와 관련해 어떠한 논의를 거쳐 왔는지 정리한다. 그들은 어떤 근거로 여성 안수를 반대해 왔을까. 그 논리는 여성 안수를 두고 장로교단 최초로 뜨거운 논쟁을 벌였던 90년 전과 얼마나 다르고, 또 얼마나 같을까.

첫 연구 결과: 여성 안수는 '성경의 권위 손상'

예장합동에서 여성 안수 문제는 보수 신학을 지킨다는 명목하에 오랫동안 은폐됐다. 같은 장로교단에서 1953년 갈라진 한국기독교장로회(기장)가 1956년 여성 장로제를, 1974년 여성 목사제를 도입하고, 1959년 갈라진 예장통합이 1994년 여성 안수제를 도입하는 동안, 예장합동은 40년 이상 총회에서 여성 안수 문제를 논의한 적이 없었다. 1989년 74회 총회 때 '비안수자와 여성 직분자의 등단 문제'에 대한 헌의안이 있었으나, "종전 결의대로 하기로" 하면서 공식적으로 여성은 강단에 설 수 없는 상황이 계속됐다.

교단 내부에서 여성 안수 논의가 본격적으로 표면화한 건 1994년 예장통합이 여성 안수를 도입하면서부터였다. 예장합동 직영 신학교 총신대학교가 펴내는 학술 계간지 〈신학지남〉은 1996~1997년 여성 안수를 특집으로 다뤘다. 1996년 〈신학지남〉 가을 호 권두언에는 "1994년 79회 통합 측 총회에서 '여성 안수 문제'에 대하여 허용하는 결의를 하자, 그 여파가 합동 측에까지 확대되면서 이 문제에 대한 성경적 논의가 어떠한가를 살피지 않을 수 없게 되었기에 논의 일환으로 이번 〈신학지남〉 가을 호에 '여성 안수'에 대한 신학적 논의를 특집으로 다루었다"[1]는 취지가 실렸다.

1) 김의원, '교회내 여성의 기능과 성직의 자격', 〈신학지남〉 제63권 3호(1996), 5쪽

'교회 내에서의 여성의 역할'을 주제로 한 1997년 〈신학지남〉 봄호 권두언에도 "여성의 목사 안수를 거절하는 본지의 입장을 지난번 특집을 통하여 발표함으로 말미암아 교계에 야기된 부정적 반응들과 회의주의에 대하여 답변할 필요성을 느꼈기 때문이요, 비록 여성들에게는 '안수받은 목사로서의 사역'은 부여되지 않는다 하더라도 교회 안에서 여성들이 할 수 있고 또 해야 하는 중요한 기능과 역할이 분명히 있음을 강조하고 그것들이 무엇인지를 규명하고 설명해야 할 필요성을 느꼈기 때문"[2]이라고 나와 있다.

〈신학지남〉에 기고된 논문은 모두 여성 안수가 '성경적으로 옳지 않다'는 내용이었다. 핵심 구절은 역시 고린도전서 14장 34~35절과 디모데전서 2장 11~15절이었다.

> 여자는 교회에서 잠잠하라. 그들에게는 말하는 것을 허락함이 없나니 율법에 이른 것 같이 오직 복종할 것이요. 만일 무엇을 배우려거든 집에서 자기 남편에게 물을지니 여자가 교회에서 말하는 것은 부끄러운 것이라. (고린도전서 14장 34~35절)

> 여자는 일체 순종함으로 조용히 배우라. 여자가 가르치는 것과 남자를 주관하는 것을 허락하지 아니하노니 오직

---

2) 박아론, '교회 내에서의 여성의 역할', 〈신학지남〉 제64권 1호(1997), 4쪽

조용할지니라. 이는 아담이 먼저 지음을 받고 하와가 그 후며 아담이 속은 것이 아니고 여자가 속아 죄에 빠졌음이라. 그러나 여자들이 만일 정숙함으로써 믿음과 사랑과 거룩함에 거하면 그의 해산함으로 구원을 얻으리라. (디모데전서 2장 11~15절)

당시 총신대 김의환 총장을 비롯해 신학 교수들은 해당 구절을 오늘날에도 여성 안수가 불가하다는 의미로 해석해야 한다고 했다. 이와 함께 "교회 구조는 가부장적인 가정 구조를 그대로 본뜬다", "여성은 남성과 존재론적으로 동등하지만 기능적으로는 종속된다", "여성 안수를 인정하면 동성애도 인정해야 한다"는 등의 주장도 펼쳤다. 다음은 〈신학지남〉 '교회와 여성', '교회 내 여성의 역할' 특집 호에 실린 논문 내용 중 일부다.

남녀는 동등하게 하나님의 형상으로 창조되었으므로 존재론적 동등성을 인정하지만, 가정 구조 내에서 아내는 남편에게 복종해야 하며 여기서 확장된 교회 구조 내에서 여자는 남자를 가르치거나 다스려서는 안 된다는 것이다. 즉 여자는 성경적으로 볼 때 '경륜적 또는 기능적 종속성'을 가지며 여자가 교회에서 기도하거나 예언하는 것 또는 집사나 행정직은 맡을 수 있으나 '남자를 가르치거나 다스려서는 안 되며' 여자는 이런 관점에서 목사나 장로나 전도자가 될 수

없다고 말할 수 있다.[3)]

과거 한국교회가 여성 안수 문제가 제기될 때마다 부정적 반응을 보일 수 있었던 것은 교회가 그만큼 성경의 권위를 높이고 성경대로 믿는 정통 신학을 따랐기 때문이다. 그러나 오늘날 자유주의 신학의 득세로 인하여 '새로운 성경 해석' 이란 미명 아래 오늘의 상황에 비추어 성경 해석을 시도하여 여성 안수를 점차 허용하여 가고 있다. 성경이 분명히 명시하는 금기도 시대에 비추어 허용할 수 있다는 주장은 분명 성경의 권위에 대한 도전이다. 성경의 가르침보다 현실 상황을 더 중시하는 경향 때문이다.

여성 안수가 '새 해석'으로 허용되면 그다음은 동성연애에 대한 '새 해석'이 뒤따른다. 이어서 하나님 호칭을 바꾸어 남성, 여성이 공히 만족할 수 있는 중성 명사 채용을 주장하는 운동이 뒤따른다. 이 추세는 미국 교회에서 그대로 나타나는 실정이다. 어디서나 이 연결 고리는 뗄 수 없는 새 해석의 공식으로 나타나기 마련이다.[4)]

1997년에는 예장합동 82회 총회가 남성 목사·교수 8명으로 구성된 '여성안수조사위원회'를 꾸리고 연구를 맡겼다. 예장합동이 총

3) 김의원, '교회 내 여성의 기능과 성직의 자격', 〈신학지남〉 제63권 3호(1996), 10쪽
4) 김의환, '교회 내 여성 사역의 제한성과 중요성', 〈신학지남〉 제64권 1호(1997), 20쪽

회 차원에서 처음으로 여성 안수를 연구한 사례였다. 이 또한 예장통합의 여성 안수제 도입 때문이었다. 83회 총회 회의록에 실린 여성안수조사위원회 보고 내용을 보면 "1994년 9월 대한예수교장로회 통합 측 제79회 총회에서 여성 안수가 가결되면서 한국교회는 여성 안수에 대한 새로운 논란이 일어나게 되었다. 이러한 통합 측 총회의 결정은 그동안 여성 안수 불가를 견지해 온 합동 측 입장에 대해 은근한 압력을 가하는 결과를 가져오면서 합동 측 총회의 확실한 입장 표명을 요청하게 되었다"고 나와 있다.

83회 총회에서 연구 결과를 발표한 조사위원들은, 여성 안수가 성경의 가르침을 위배하고 성경의 권위를 손상하는 사상이라고 했다. "신구약 성경이 교회 안에서 여성의 역할을 인정하고 있기는 하지만 보조적인 의미가 강하고, 제한을 명백히 두고 있기 때문"이라는 것이었다. 이들은 앞서 〈신학지남〉에 기고한 총신대 교수들과 동일한 성경 구절을 근거로 들며 여성 안수를 반대했다.

> 교회 안에서의 여성이 어떤 위치를 가져야 하는가는 1세기 초대교회 시대부터 이미 중요한 신학적 논쟁거리였다. 그리하여 사도 바울은 이 문제의 중요성을 인식하면서 목회의 중요한 원리를 다루고 있는 디모데전서에서 이 심각한 문제에 대해 장차 교회가 오랫동안 따르게 될 지침을 제시하고 있다. 바울은 '여자의 머리는 남자'라고 지적하면서 '여자의 가르치는 것과 남자를 주관하는 것을 허락지 아니하노니 오

직 종용할지니라'고 하였다. 바울은 여기서 비록 남성과 여성이 그리스도 안에서 차별은 없지만 역할은 분명히 다른 것을 암시하고 있다. 즉 하나님이 교회 안의 여성에게 남자를 주관하는 위치를 주시지 않았다는 것이다.[5)]

이들은 여성에게 안수를 주는 것이 세속적인 여권운동의 압력에 굴복하는 일이라고도 했다. 2000년 동안 여성의 지위나 교권 문제는 교회 안에서 심각한 문제가 되지 않았는데, 20세기에 들어서면서 사회가 개방되고 여성의 지위 향상을 위한 운동이 본격적으로 전개되어 여성 문제가 교회 안까지 깊숙이 들어오게 되었다는 것이었다. 조사위원회는 "여성의 목사직이나 장로직에 대해서는 성경이 보여 주는 대표성의 원리와 창조질서의 원리의 측면에서 허락할 수 없다"는 결론을 내렸다. 예장합동 83회 총회는 별다른 논의나 표결 없이 조사위원회 보고를 그대로 받았다.

예장합동은 1999년 당시 총신대에 재직 중이던 고 정훈택 교수와 심창섭 교수를 '여성 안수 지지론자'로 지목하고, 1999년 84회 총회에서 이들의 신학 사상을 조사하는 총신신학자신학사상조사처리위원회를 만들기도 했다. 정훈택 교수는 1994년 총신대 여학생회가 발간하는 잡지 〈잉태〉 11호에 '여자도 천국에 간다'는 제목의 글을 기고했다. 여기서 "교회와 신학은 여성의 동등권을 거부

5) 대한예수교장로회 합동 83회 총회 보고서(1998), 406쪽

하는 마지막 보루로 남아 있다. 여성 신학자들의 의견을 빌리면 교회는 남성 우월론자들의 마지막 피난처를 제공하고 있다. 신학과 교회 제도가 남성의 특권을 보장하는 것", "여성 안수와 여성 목사직의 허용 여부를 놓고 입에 거품을 물고 하나님을 위해 싸운다는 지금의 기독교인들이 몇십 년 후에 다시 만난다면 어떤 표정을 지을까?"와 같은 표현이 문제가 됐다.

심창섭 교수도 1994년 〈월간목회〉 11월 호에 '한국교회는 21세기를 어떻게 준비하는가'라는 글을 기고해 "21세기가 여성의 참여도 상승으로 변화되어 갈 조짐인데 교회가 이러한 시대적인 흐름에 역행하여 여성 인력을 묶어 두면, 교회의 활성화는 둔화될 뿐만 아니라 여성의 종교 활동을 보장하는 다른 종교로 여성들이 몰려갈 수밖에 없다. 그리고 여성이 교회의 중요 의결 기구에 참여할 수 있는 제도가 보완되어야 한다"고 주장했다. 그는 이 글 때문에 "복음주의적 신학자가 아니다"라는 지적을 받았다. 조사처리위원회는 2000년 정훈택 교수에게 '경고'를, 심창섭 교수에게는 '1년 6개월 해외 신학교 수련 후 논문 한 편 제출'이라는 징계를 내렸다.[6)]

교단 분열 후 40년 만에 처음 시작된 교단 차원의 논의에서, 예장합동은 "여성 안수는 절대 불가하다"는 입장을 천명했고, 여성 안수에 조금이라도 우호적인 입장을 보이는 신학자들에게는 채찍

6) "완전히 다르지는 않지만 그냥 둘 순 없다(?)", 〈뉴스앤조이〉 2000.10.03자 보도 https://www.newsnjoy.or.kr/news/articleView.html?idxno=967

을 들었다. 이러한 분위기 속에서 여성 안수에 대한 논의는 위축될 수밖에 없었다.

21세기에 들어서도 예장합동에서는 여성 안수에 대한 논의가 제대로 이뤄지지 않았다. 간헐적으로 총회에 여성 안수 관련 헌의가 올라오기는 했지만, 총회 현장에서는 토론조차 없이 기각됐다. 2003년 11월 고 임태득 총회장이 총신대 채플에서 "여자들이 기저귀 차고 강단에 올라가? 안 돼"[7]라는 여성 혐오 발언을 해 교단 안팎으로 거센 반발이 있었다. 이 흐름을 타고 이듬해 2004년 예장합동 89회 총회에 여성 안수 청원이 올라가 기대를 모았지만, 정작 총회에서는 논의도 없이 기각됐다. 2007년 92회 총회에서는 여성 안수 문제를 연구하기 위한 위원회를 만들자는 헌의가 있었지만 이마저도 부결됐다.

2010년 95회 총회 때는 타 교단에서 목사 안수를 받고 예장합동에서 목회 활동하는 목사 부인을 어떻게 해야 하느냐는 질의가 있었다. 총회는 "헌법대로 여자 목사는 불가하다"며, 실태 조사를 위해 여자목사실태조사위원회를 꾸리고 이듬해 96회 총회에서 결과를 발표했다. 조사위원회는 "성경에서 여자의 머리는 남자요(고전 11:3), 여자의 가르치는 것과 남자를 주관하는 것을 허락지 아니하노니 조용할지니라(딤전 2:12~14)고 했고, 헌법에 관련 규정

7) "예장합동 총회장 여성 비하 발언 파문", 〈뉴스앤조이〉 2003.11.18자 보도
https://www.newsnjoy.or.kr/news/articleView.html?idxno=6502

이 없으므로 여성 목사 안수를 허락할 수 없다"[8]는 결론을 내놓았다. 2012년 97회 총회에도 여성 안수 헌의가 있었지만 논의 없이 '현행대로' 한다며 기각됐다.

예장합동의 여성 안수제 도입을 지속적으로 요구한 곳은 '총신 여동문회'가 유일하다. 하지만 2015년 말 총신 여동문회 송년회 자리에서 "여성 안수의 길을 열어 달라"고 기도했던 박유미 교수와 총신대에서 '현대사회와 여성' 등 여성 관련 과목을 강의하던 강호숙 교수가 2016년 초 갑자기 강의에서 배제되는 일이 벌어졌다. 학교 당국에서는 행정상 부득이한 일이라고 해명했으나, 두 교수는 송년회 자리에 김영우 당시 총신대 총장이 있었기 때문에 '괘씸죄'로 쫓겨난 것이라고 주장했다.[9]

두 번째 연구, 더 후퇴한 세 번째 연구

예장합동은 '여성 안수 불가' 입장을 굳건하게 지켜 오면서도, 여성 인력이 타 교단으로 빠져나가는 건 원치 않았다. 예장합동은 2017년 102회 총회에서 '여성사역자지위향상위원회(여성사역자위)'를 만들었다. 여성 사역자들의 교단 이탈을 막기 위해 현실을

---

8) 대한예수교장로회 합동 96회 총회 보고서(2011), 782쪽
9) "여성 안수 허용해 달라고? 강의하지 마!", 〈뉴스앤조이〉 2016.02.24자 보도 https://www.newsnjoy.or.kr/news/articleView.html?idxno=202131

개선하자는 취지였다. 이는 총신 여동문회 등 교단 구성원들이 여성 안수 도입을 요구하며 오랫동안 내세우던 이유이기도 했다. 여성사역자위는 여성 사역을 전문화하기 위해 구체적인 방안을 마련하겠다고 했다.

하지만 여성 안수에 관해서는 분명하게 선을 그었다. 2018년 8월 열린 여성사역자위 공청회에서 당시 고영기 위원장은 "우리 위원회는 여성 안수 문제와는 아무 상관이 없다. 여기는 여성 안수 문제를 논하는 자리가 아니다"라고 말했다. 예장합동 부총회장에 단독 입후보한 상태였던 소강석 목사는 "역사를 보면 묘하게도 여성 안수가 허용되면 신앙은 자유주의로 치닫고, 교단의 색깔이 진보 쪽으로 기울게 되며, 여성의 권익을 위한 페미니즘적 경향으로 가게 됐다"며 "여성 안수를 기점으로 교단의 신학이 넓어져 궁극적으로 개혁신학과 보수 신학의 정체성을 잃어버리게 됐다"[10]고 발제했다.

역할·기능상의 한계는 명확했지만, 그래도 여성사역자위는 교단 내 여성들의 지위를 개선하기 위해 노력했다. 2019년 교단 구성원들의 인식을 파악하기 위해 목사·장로 568명을 대상으로 설문 조사를 시행했다. 조사 결과, 여성 군목에 찬성하는 응답이 90%에 달했고, 총신대 신학대학원을 졸업한 여성 신학생에게 강도권을 부여하는 것에는 83%가 긍정했다. 강도권을 부여해서는 안 된다

10) "소강석 목사 '여성 안수는 급진적 자유주의로 가는 길'", 〈뉴스앤조이〉 2018.08.14자 보도 https://www.newsnjoy.or.kr/news/articleView.html?idxno=219152

는 의견은 12%에 그쳤다.[11]

여성사역자위는 이 결과를 바탕으로 같은 해 104회 총회에서 '여성 강도권'을 청원했다. 여전히 여성 안수를 부정적으로 생각하는 교단을 설득하기 위해, 여성 강도권은 여성 안수와는 관계가 없고 헌법적으로도 문제가 되지 않을 것이라고 했다. 강도사 명칭이 못마땅하면 '교역사'라는 직분이라도 신설해 달라고 했다. 하지만 총회는 교역사 제도를 시행하려면 헌법을 개정해야 하므로, 1년 더 연구해 이듬해 총회에 다시 상정하라며 5분 만에 논의를 마무리했다.

다만, 대전노회가 청원한 '여성 강도권·안수에 관한 교단의 신학적 입장 정리' 는 신학부로 보내 연구하기로 했다. 신학부는 연구위원 5명을 선정해 1년간 연구를 진행하고 이듬해 105회 총회에서 결과를 발표했다. 이것이 여성 안수에 대한 예장합동 총회 차원의 두 번째 연구다.

연구 결과는 역시 '여성 안수 불가'였다. 반대론자들의 논리는 20여 년 전 예장합동 총회의 첫 연구 결과와 별반 다를 바 없었다. 연구위원이었던 총신대 조호형 교수는 여성 안수 반대 근거로 사용돼 온 성경 구절은 당시 상황에 국한한 내용이 아니라 보편적이고 영구적이라는 내용을 그대로 반복했다. 여성 안수 문제가 '동성애 허용'과 연결된다는 주장도 다시 등장했다. 임종구 목사는 연

11) "예장합동 설문, '여성 강도권 부여' 83% 찬성", 〈뉴스앤조이〉 2019.06.10자 보도 https://www.newsnjoy.or.kr/news/articleView.html?idxno=223947

구 보고서에서 "여성 안수 운동의 방향이 성경 무오성 포기, 여성 안수 채택, 동성애 허용으로 이어지고 있다"며 자유주의 성향이 강한 해외 교단들이 여성 목사 안수를 인정한 뒤 최종적으로는 동성애 허용의 수순을 밟아 왔다고 주장했다.

달라진 점이 있다면, 여성 '강도권'에 대해서는 긍정적으로 평가하는 위원이 많았다는 것이다. 이국진 목사는 "딤전 2:11~15이나 고전 14:34~35 등을 문자적으로 해석한다면 여자 선교사에게 성례권을 인정한 것 등등을 포함하여 우리 교단이 이러한 원칙에 반하여 시행했던 모든 것들을 폐지해야 한다. (중략) 여성이 가르치거나 다스리는 것을 허용하지 않는 것이 하나님의 뜻이라면, 왜 구약과 초대교회 시절에는 하나님께서 스스로 그 원칙을 깨뜨리셨는지, 왜 지금은 그런 예외를 허용하는 것이 불가한지에 대해 설명할 수 있어야 한다"고 했다. 칼빈대 유창형 교수는 "현실적으로 홀로 사역하는 여성 선교사들에게 성례권·축도권을 부여한 것과, 이미 교회에서 설교를 전하는 여성 권사·전도사가 있다는 점을 인정해야 한다"고 했다. 총신대 이희성 교수도 "구약의 예로 보건대 오늘날 여성 사역자들이 공적으로 말씀을 전하고 가르치는 사역을 제한할 이유는 없어 보인다"고 했다.[12)]

하지만 '여성 안수'에는 모든 위원이 반대 혹은 유보적 입장을 취했다. 이에 따라 신학부는 "성경에 여성 안수와 관련한 구체적

---

12) 대한예수교장로회 합동 105회 총회 보고서(2020), 441~444쪽

사례나 언급을 찾아볼 수가 없다. 그러므로 우리 교단이 전통적으로 가르쳐 온 대로 여성 안수는 불가하다. 연구자들도 거의 대부분 여성 안수에 관하여는 '불가'라는 결과를 내놓았다"[13]고 했다. 다만, 여성 강도권에 대해서는 연구자들이 분명한 의견 차이를 보여 연구가 좀 더 필요하다며 논의를 1년 후로 넘겼다.

2021년 106회 총회에서 발표된 총회 차원의 세 번째 연구라 할 수 있는 여성 강도권에 대한 연구는 오히려 전 회기보다 퇴보한 수준이었다. 새로 연구에 참여한 교수·목사 4명은 모두 성경의 가르침에 따라 여성에게 강도권을 줄 수 없다고 했다. 총신대 정승원 교수는 "성경은 오직 남자에게 목사의 자격을 부여한다"며 "목사의 자격을 창조질서에 근거하여 정하셨음을 볼 수 있다"는 주장을 되풀이했다. 신현철 목사는 여성에게 이미 '유사 강도권'이 주어져 있다는 주장을 펼치며 "여성 사역자의 지위 향상, 처우 개선은 강도권 부여나 강도사 인허와 같은 방식으로 풀어 갈 것이 아니"라고 했다.[14] 종교개혁가 칼뱅이 여성 사역자를 어떻게 봤는지 소개한 박형대 교수는 아래와 같이 썼다.

> 미리암의 경우는 매우 부정적인 인물로 소개된다. 미리암의 부정적인 모습이 여성의 전반적인 특징으로 그려지기도 하였다. 드보라와 훌다의 경우, 미리암처럼 부정적으로 소개

---

13) 대한예수교장로회 합동 105회 총회 보고서(2020), 466

14) 대한예수교장로회 합동 105회 총회 보고서(2020), 334~336쪽

되지는 않지만, 결국에는 별반 차이 없는 인물로 귀결된다. 반면, 이사야의 아내는 특별히 수행한 사역이 없지만 인정받는다. 안나도 칭찬은 받지만, 예수님을 소개하는 그의 예언 사역보다는 '경건 훈련'이 부각된다.[15]

아이러니한 것은, 박형대 교수가 총신대 교수로 재직하며 개혁주의신학 관점에서 여성 안수 도입을 주장해 온 고 황영자 박사의 논문을 지도한 바 있다는 점이다. 총신 여동문회에서 활동하던 황 박사는 2017년 '바울의 눈에 비친 아담과 하와 - 바울서신의 남녀관'이라는 제목의 논문을 발표하고, '여성이 남성 아래 있다'는 전통 해석을 뒤집었다. 박 교수는 같은 해 황 박사의 논문이 책으로 출판되자 '추천의 글'까지 썼다. 여성과 남성이 동등하다는 내용의 박사 학위논문을 지도했던 교수가 총회 신학부 연구위원이 되어서는 여성 강도권을 반대한 것이다.

숨죽이고 있지만…모두가 동의할까

예장합동 총회는 1998년 83회 총회, 2020년 105회 총회, 2021년 106회 총회에서 여성 안수 혹은 여성 강도권에 대한 연구 결과를

15) 박형대, '성경에 소개된 여성 사역자에 대한 칼뱅의 입장', 대한예수교장로회 합동 106회 총회 보고서(2021), 333쪽

발표했고, 결론은 언제나 '불가'였다. 이들의 논리는 약 90년 전 조선예수교장로회 총회에 여성 안수 문제가 처음 올라왔던 때와 별반 다르지 않다. "사도 바울이 고린도전서와 디모데전서에서 여자의 교회 교권을 불허한 말씀은 2000년 전 한 지방 교회의 교훈과 풍습을 의미한 것이 아니라 만고불변의 진리"라고 했던 1935년 조선예수교장로회 총회 연구위원회 보고서 내용과 근본적으로 같다.

여성 안수가 문제 될 것 없다는 해석을 "성경의 파괴적 비평", "성경의 신성과 권위에 대한 막대한 능욕"으로 여기며 "성경을 시대 사조에 맞도록 자유롭게 해석하는 교역자들을 우리 교회 교역계에서 제외"해야 한다는 폐쇄적 풍토 또한 여전하다. 이는 1990~2000년대 들어 "여성 안수를 허용하면 동성애를 허용하게 된다"는 논리로 발전(?)했다. 반면, 여성 강도권에 대해 긍정적으로 평가했던 2020년 105회 총회 신학부 연구 결과는 그나마 한 발짝 나아간 수준이었다. 이 연구 결과가 사장된 것은 아쉬운 지점이다.

여성 안수를 주장하면 사상 검증과 징계를 면치 못하는 분위기 속에서 여성 안수를 위한 조직과 운동이 사라지는 건 당연한 일이다. 현재 예장합동 내에서는 여성 안수를 주장하는 조직적인 목소리를 찾기 어렵다. 하지만 숨죽이고 있다고 해서 구성원 모두가 여성 안수 불가 방침에 동의하는 것은 아니다. 2020년 4월 〈뉴스앤조이>가 인터뷰한 총신대 신대원에 재학 중인 여성 5명은 모두 "교단이 여성 안수를 주지 않는 것은 신학적인 이유가 아니"라고

말했다.[16)]

2021년 총신대 신학대학원 WITH여원우회가 재학생·졸업생 207명을 대상으로 진행한 '여성 사역 현황' 설문 조사에 따르면, 79.9%가 교단 차원에서 가장 개선이 필요한 점으로 '여성 사역자에 대한 인식 개선 및 신학 정립'을 꼽았다. 여성 사역자들은 여성 안수를 주지 않는 교단에서 '남성 교역자들의 서열 의식과 권위주의', '역할 제한 및 사역 기회 배제', '교인들의 차별적 태도' 등 구조적 차별을 겪고 있었다. 설문 마지막 '교단에 전하고 싶은 말'에는 아래와 같은 글이 이어졌다.

> "부르심과 택하심에 예수님도 여성을 차별하지 않았는데 우리 교단은 왜 차별하는지요."

> "세상보다도 못한 여성 사역자에 대한 존중이 필요하고 강도권과 여성 안수에 대한 것들이 편견 없이 논의되었으면 좋겠다."

> "교단 내의 탁월한 여성 사역자들이 차별의 아픔을 겪지 않고 마음껏 사역할 수 있는 길을 열어 주세요."

---

16) "여성 안수 안 주는 총신대, 젊은 여성들은 왜 갔을까", 〈뉴스앤조이〉 20.04.17자 보도 https://www.newsnjoy.or.kr/news/articleView.html?idxno=300553

총신 여동문회가 올해 6월 15일 진행한 '여교역자 사역 현황 실태 조사'에서도 여성 안수를 도입해야 한다는 응답이 높았다. 설문 참가자 224명(신대원 졸업생 219명, 재학생 5명) 중 예장합동에 남아 전도사로 사역하는 이들은 절반에 그쳤다. 목사 아내 역할만 하는 사람은 44명(20%), 타 교단에서 강도사가 되거나 목사 안수를 받은 사람은 41명(18.3%)이었다. 161명(72%)이 여성 안수가 필요하다고 답했고, 여성 안수가 불필요하다고 답한 응답자는 6명(6.3%)에 불과했다.

참고 문헌

〈신학지남〉 제63권 3호(1996), 제64권 1호(1997)

대한예수교장로회 합동 83회, 96회, 105회, 106회 총회 보고서

Behind Story

2부

Interview 그때 그 사람들: 못 다한 이야기

Behind Story

04.

여성 안수 찬반 논쟁, 50년 전 종지부 찍다

한국기독교장로회 전 여교역자협의회 서기

김지선 목사

아직 50년을 살아 보지 않은 입장에서, 50년 전 일을 기억하고 이야기한다는 건 어떤 느낌일지 상상이 되지 않는다. 기장은 1956년 여성 장로제를, 1974년 여성 목사제를 제도화했다. 완전한 여성 안수제 도입 후 48년이 지난 지금은, 투쟁 당시 이야기를 들려줄 수 있는 사람 자체가 많지 않다. 다행히 당시 기장 여교역자협의회(현 전국여교역자회) 서기를 맡았던 김지선 목사(74)를 만날 수 있었다.

"왜 새삼스럽게 지금 여성 안수를 다뤄요?" 김지선 목사는 기자들과 만나자마자 물었다. 기장에서는 여성 목사제가 50년 가까이 지났으니 당연한 질문이었다. 기장은 지난해 주요 장로교단 최초로 여성 총회장을 배출하기도 했다. 지금도 여성 안수는 성서적·신학적으로 맞지 않다며 제도적 성차별을 고수하는 교단이 있는 현실을 감안하면, 벌써 50년 전 이 모든 논쟁에 종지부를 찍은 교단이 있다는 사실은 고무적이다.

김지선 목사는 인터뷰 전 발송한 질문지에 꼼꼼하게 답변을 정리해 왔다. 조선예수교장로회 시절인 1930년대부터 있었던 여성 안수 논쟁 역사를 기억해 냈다. 그는 기장의 여성 안수가 그 긴 역사를 지나오며 신학적·인권적 문제들이 논의된 결과였다는 점을 강조했다. 또 50년 전 신학교를 갓 졸업하고 전도사로 사역을 시작했을 때를 회상하며, 1970년대 교단 안팎의 분위기가 어땠는지 이야기해 주었다.

한 맺힌 여성 사역자들

저희 때는 기장이니, 예장이니 하는 교파 의식 없이 이사 간 동네에 장로교회가 있든 감리교회가 있든 그 교회에 가서 봉사하고 그랬어요. 제가 신학대학에 들어갈 때쯤에는 예장통합 측 교회를 다녔죠. 근데 교회학교 교사, 성가대, 청년회 이런 것들을 맡아서 하다 보니까 '신학을 해야겠다'는 생각이 들더라고요. 신학대학을 가야겠다고 목사님께 여쭸더니, 목사님이 "그럼 김 선생은 한국신학대학(현 한신대학교)을 가시오" 그러셔서 한국신학대학에 입학했어요.

학교 다닐 때는 선배 여교역자들을 보면 너무 거룩하고 귀해서, '과연 나 같은 사람이 전도사를 할 수 있을까'라는 생각이 들었어요. 그렇게 고민하고 있었는데, 당시 수도교회 당회장이셨던 문동환 박사님이 수도교회에서 인턴을 하면서 사역을 경험해 보라고 하시더라고요. 학교 다닐 때도 계속 예장통합 측 교회를 다녔는데, 그렇게 졸업 후 첫발을 기장 교회에 내딛게 됐어요.

그때가 1966~1970년이에요. 여성 장로제가 시행되고 있기는 했는데, 그때만 해도 여성 장로는 남성 장로가 있는 곳에서만 안수를 받을 수 있었어요. 여전도사들 상황도 열악했죠. 남성과 같이 신학을 했는데도 대우를 보면 '저건 아닌데' 싶더라고요. 제가 만났던 여성 선배님들은 대부분 사모님이 돼 있거나 기관 사역을 하셨죠. 처우는 열악했지만, 한편으로는 '이런 척박한 환경에서 어떻게 저렇게 이름도 없이 사역할 수 있을까' 의아했어요.

개인적으로는 교회에서 사역할 때 성차별을 많이 경험하지는 않았어요. 1970년도에 인턴 과정을 할 때도 문동환 박사님이 계셨던 교회였기 때문에, 문 박사님이 저와 같은 실무자들도 의사 결정 과정에 참여할 수 있도록 해 주셨죠. 전도사로 부임했던 교회도 안병무 박사님이 계셨던 교회라서, 제가 전도사로서 어느 정도 권한을 갖고 일할 수 있었어요. 뭐 이런 경우는 있었죠. 저를 '전도부인' 심지어 '미스 김'이라고 부르려는 사람들이 있었거든요. 그러면 저는 그 자리에서 "직함을 수정해 주세요. 저는 엄연히 교단에서 인정한 전도사입니다"라고 지적하고 그랬어요.

제가 사역했던 교회는 그랬지만, 보통의 교회에서는 여전도사들에게 권한을 주지 않았죠. 나중에는 여교역자들의 투쟁이 자꾸 부각되니까, 아예 여전도사를 쓰지 말자는 분위기까지 생겼어요. 제가 1971년 여교역자협의회 서기를 맡게 되면서, 정말 상상할 수 없는 여성 사역자의 현실을 더 생생하게 알게 됐는데요. 선배님들과 이야기를 나누다 보면, 정말 그 바닥에 한이 많이 맺혀 있더라고요. 남성들과 비교하면 재정적인 부분뿐 아니라 인격적인 대우도 제대로 받지 못하는 현실이었으니까요. 심방을 가도 한참 후배인 남성 목사를 위해 문 열어 주고, 청소가 제대로 되어 있는지 확인하고, 아이가 울면 안고 밖에 나가고…. 여성 전도사는 남성 목사가 예배를 인도하는 데 다른 것이 방해되지 않게 하는 역할이나 맡았던 거예요.

배불러서 강단 못 올라? 똥배 나온 남성은?

우리 교단에서 여성 목사제는 1974년 도입됐지만, 여성 안수에 대한 논의는 1930년대부터 시작됐어요. 1934년 김춘배 목사님의 필화 사건은 유명하죠. 그러다 1953년도에 한국기독교장로회가 분립 총회를 하면서, '복음의 자유, 신앙 양심의 자유, 자립·자조의 정신, 세계 교회 정신'을 선포한 교단 새 역사가 시작됩니다. 필화 사건의 주인공이었던 김춘배 목사님을 비롯해, 여성 안수를 주장하던 대부분이 기장 소속이었어요. 이후 1956년에 여전도회장 김말봉·신애균 같은 분들이 다시 여장로제를 청원해서 여장로제는 통과가 된 거죠.

여장로제는 바리새주의를 거부하고 복음의 자유를 선포한 기장 교단으로서는 당연한 것이라고 볼 수 있겠지요. 장로제만 보면 그런데, 그때 총회에서 목사의 자격을 남자만 될 수 있게 한 거예요. 헌법 '목사의 자격' 부분에 "35세 이상 된 자로서"라고 돼 있었는데 이걸 "35세 이상 된 남자로서"라고 바꾼 거죠. 여성의 목사직 참여를 제도적으로 막아 버렸습니다. 여장로제를 통해 신학적인 선언을 했는데도, 몸화·체화한 가부장적인 사고는 뿌리가 깊었던 거예요.

이후 1957년 서울을 중심으로 여전도사회가 만들어져서 여성 목사제 운동이 시작돼요. 1959년 총회는 "여목사 장립 제도는 원칙적으로 승인하는 것이 가하나, 그 규정과 절차는 한국교회 실정에 부합하도록 외국의 예를 참고하면서 금후 계속 연구키로" 결의하면서 사실상 보류를 했어요. 1968년 여교역자협의회가 만들어지고 그해 총회 때 다시 여목사제를 청원해서 통과가 됐죠. 그런데 이게 헌법을 개정하는 일이라 노회 수의를 거쳐야 하거든요. 그때 노회가 10개였는데, 수의 결과 5 대 5로 부결이 됐어요.

그래서 1971년 총회에 다시 여성 목사제가 상정돼요. 그때도 일단 총회에서는 통과가 됐죠. 또 노회 수의 과정이 남았는데, 마침 그때는 제가 여교역자협의회 서기였기 때문에 전국을 쫓아다니면서 뭐 페이퍼 워크(paper work)도 하고, 목사님들도 만나고 했어요. 전국을 다니느라 여관방에서 잘 때도 있었고, 그때마다 선배들하고 전략을 짰죠. "너는 누구를 맡아라, 너는 누구를 맡아라" 하면서. 그렇게 했는데도 1972년 노회 수의 결과 또 부결이 된 거예요.

반대하는 쪽에서는 지금 들으면 성 인지 감수성이 떨어지는 이야기가 많이 나왔어요. 그때도 화들짝 놀랄 얘기이기는 했죠. "월경하는 사람이 어떻게 강단에 올라가겠느냐", "임신이라도 하면 배불러 가지고 어떻게 올라갈 거냐", "출산하면 수유는 어떻게 할 거냐" 이런 노골적인 이야기가 왜 없었겠어요. 요새 같으면 그런 말 했다가는 큰일 나죠.

그런 말에 반박해 주시는 목사님들도 있었어요. "배불러서 강단에 못 올라온다면 목사들 중 똥배 나온 사람은 뭐냐. 운동 안 해서 배 나온 건 비생산적인 것이지만, 여성들이 임신·출산하는 건 생명적인 일이고 창조적인 질서다. 어디다 대고 그런 얘기를 하느냐"

면서 저희를 대변해 주는 목사님들이 계셨죠. 그러니까 목사들 사이에서 찬반이 있었는데 그 정서가 어떤 것이었냐 하면, 만약 여성 안수에 대해 시험을 봤다면 '가능하다'고 답했을 거예요. 그러니까 머리로는 맞는 줄 아는데, 가슴으로 못 받아들였던 거죠.

심지어 나중에는 반대를 하다 하다 이래요. "아무개가 보기 싫어서", "아무개가 목사 되는 꼴 보기 싫어서" 찬성 못 하겠다는 거예요. 그런 생각은 성서적이지도, 신학적이지도, 교회론적이지도, 선교적이지도 않잖아요. 여성 안수를 반대할 별다른 이유가 없다는 거죠.

그렇게 1974년 총회에 여목사제를 다시 청원했고, 그 결과 헌법 '목사의 자격' 조문을 "35세 이상 된 사람"으로 고치면서 '사람'이라는 말 속에 여자와 남자가 모두 포함된다는 것을 재확인했죠. 노회 수의를 거치지 않아도 되도록 여목사제가 통과된 거예요. 그때 저희는 '이런 역사적인 날도 오는구나' 하면서 얼싸안고 손뼉치고 그랬죠. 누구는 옆에서 '아멘 아멘' 하고. 여성도 목사가 될 수 있다는 것에 모두가 동의할 정도가 됐다는 거잖아요. 감격스러웠어요.

분위기를 무르익게 만들었던 것은

여목사제가 통과된 것은 교단 여성들이 전략적으로 노력했기 때문이기도 하지만, 여성 안수에 대한 분위기가 무르익었기 때문이기도 했어요. 앞서 말씀드렸듯이, 여성 안수에 대한 성서적·신학적인 문제, 생리적·기능적 문제, 인권적 문제, 국제 교류 문제 등은 1930년대부터 논의돼 왔으니까요.

특히 당시 제 의식을 아주 확고하게 해 줬던 일이 있었어요. 1965년 우리 교단에 베다니평신도교육원이 설립됐는데, 여기서 1968년 한국교회 여교역자 목회 실태에 대한 조사를 해요. 우리가 생각하는 여교역자상과 현대 교회가 요구하는 여교역자상은 무엇이며, 그것을 위해 우리는 무엇을 준비해야 하는가 하는 것들이 실태 조사를 통해 나오게 된 거예요. 교단 여성들이 여성 지도력을 향상해 달라고 요구했던 건 이런 데이터를 가지고 했던 거지, 그냥 정서적으로만 "우리 한 맺혔으니까 풀어 주세요" 했던 게 아니에요.

또 한 가지는 당시 한국교회 갱신 운동으로 기장·예장통합·루터교 등 여러 교단 목사가 함께 '새바람회'라는 걸 조직해서 월요일마다 스터디를 했어요. '교회, 이대로 좋은가', '교회는 정말 민주적인가' 이런 것들을 논의했죠. 우리 교단 여신도회도 여성 목사제와 관련해서 이런 주제로 토론회를 연 적이 있었는데, 꼭 그것과 같았어요. 1971년 당시 저는 목사가 아니었는데도 새바람회 목사님들이 다 선후배라며 그냥 나오라고 했어요. 거기 참여하면서 좀 더 연대 의식이 생겼죠.

1975년 '세계여성의해'를 어떻게 준비할 것인지 고민했던 것도 1974년 여성 목사제 통과에 영향을 주지 않았나 생각합니다. 당시 크리스챤아카데미를 중심으로 여성 문제를 논의했고, 세계적인 기류에 따라 여성학이나 여성운동사 같은 걸 공부할 수 있는 기회가 생겼어요. YWCA라든지 범여성 단체들과도 교류했고, 심지어 가톨릭 수녀님들과 연대한 적도 있었죠. 당시 한 캠프장을 빌려 며칠 쉬면서 수녀님들과 여성 사제 문제라든가 여성 사역자의 현실 등을 나눴던 기억이 나네요.

교수님들도 많은 도움을 주셨어요. 저희가 한국신학대학에서 받은 교육은 여성 차별적이지 않았거든요. 그래서 더 자신감을 갖고 두드릴 수 있었죠. 여교역자들과 여신도회 지도자들이 함께 워크숍을 하면 교수님들이 주제 강의를 맡으셨고, 그야말로 '여성들이여, 일어날지어다. 깰지어다' 하시면서 오히려 더 자극을 주셨어요. 문제의식을 지닌 사람이 투쟁해야 한다고 하셨죠. 김재준·김정준·문동환·이우정·전경연 이런 분들이 다 저희 은사셨어요.

제가 여목사제 운동을 할 때는 굉장히 열심히 했는데, 정작 목사 임직은 1988년도에 했습니다. 제도 만들 때 함께했다고 해서 다 목사가 돼야 하는 건 또 아니잖아요. 저는 당시에 신학대학 나와서 크리스천으로 산다는 것, 신학대학 졸업자로서 산다는 것, 이거 자체로도 벅찼어요. 그런데 거기다 목사까지 되면 너무 힘들 것 같아서 목사 임직을 하지 않았습니다. 고시를 볼 생각조차 하지 않고 있었죠.

그랬더니 나중에 여신도들한테 혼났어요. 제도를 만들려고 그렇게 투쟁한 사람이 왜 목사 안수를 안 받느냐고, 여목사 모델을 다양하게 만들어야 하는 시점에 왜 고시도 안 치르느냐고. 저는 오히려 안수 안 받는 것이 순수해 보이지 않을까 했는데, 그걸 교만으로 보는 경우도 있더라고요. 그럼에도 안수를 받고 싶지는 않았어요. 준목 고시를 치르고도 결단을 못 한 채 교단 추천으로 영국 개혁교회 소속 학교에서 1년을 수학하게 됐어요. 세계 교회를 경험하면서 여성 목사가 되어야겠다고 마음을 먹게 됐죠.

여성도 총회장이 될 수 있다고

아직도 여성 안수를 도입하지 않는 교단은, 글쎄요…. 지금 제가 이 말씀을 드리는 게 벌써 50년 전 이야기잖아요. 저는 1970년대에 투쟁했던 사람이니, 요새는 어떤 방법으로 해야 할지 모르겠네요. 여성 안수 얘기하면 뭐 자꾸 "인본주의적이다, 인권적인 문제다" 그러는 거 같은데, 아니 애초에 인권이 성서에서 나왔는데 왜 그걸 분리하는 거죠?

여성들을 교육하는 일이 필요할 것 같아요. 저희 교단은 베다니 평신도교육원에서 여성들을 교육하면서 '사모학' 같은 건 배제했어요. 그건 여성을 정말 돕는 배필이 아니라 남성보다 한 단계 아래에 두는 프레임이라고 생각했기 때문이에요. 여성 의식이라든지, 하나님의 형상이 부여된 여성의 이미지, 권리, 기대, 이런 거에 대한 교육을 계속해야 하지 않겠나 하는 생각이 들고요. 하나님 앞에서 자유하고 책임 있는 그리스도인으로 살아가려면 여성 스스로 주체가 되는 여권운동이 필요해요. 한편으로는 우리가 해외 교회 사례를 자연스럽게 받아들여서 정체성을 찾을 수 있었듯이, 여성 목사에 대한 모델을 계속 개발해야 할 것 같아요.

저희 교단 106회 총회에서 여성 총회장이 나왔잖아요. 노회장을 하신 여성 목사님은 몇몇 계셨는데 여성 총회장은 처음이죠. 열린 교단으로서 좀 늦은 감이 있지만, 그래도 '올 것이 왔네' 하는 생각이 들면서 감격스러웠어요. 제가 지금 은퇴한 지 10년이 됐어요. 제 동기 중 남성 세 분이 총회장을 했고요. 여성 동기 중에도 훌륭한 사람이 많았는데, 그야말로 때를 만나지 못해서 자리에 오르지 못한 사람이 많죠.

총회장님이 이번에 한신대학교 개교기념일에 학교에서 설교를 하셨더라고요. 그걸 지켜보는 것만으로도 여성 목사에 대한 이미지 메이킹이 되지 않을까 싶어요. 여학생들의 자긍심을 높이는 건 물론이고, 남학생들도 여성이 전도사와 교역자 부인만 되는 게 아니라 총회장까지 할 수 있다고 생각을 전환할 수 있는 계기가 되겠죠. 그냥 그 자리에 서 계시는 것만 해도 굉장히 영향력이 있지 않을까 하는 생각이 들어서 감격스럽습니다, 가슴이 벅차게!

인터뷰 진행 및 정리: 구권효

Behind Story

05.
여성들 희생과 헌신의 역사 위에서 '총회장'이 되다

한국기독교장로회 첫 여성 총회장
김은경 목사

2021년 9월, 기장 최초로 여성 총회장이 선출됐다. 여성 총회장의 탄생은 기장뿐만 아니라 한국교회 주요 교단에서 전례 없는 일이었다. 여성 목사제를 이미 도입해 시행하고 있는 교단에서도 중요한 직책은 여성에게 내주지 않는다. 그러나 김은경 목사(67)는 익산노회 최초 여성 노회장에 이어 교단 최초 부총회장·총회장에 당선되며 '유리 천장'을 깨뜨려 왔다.

김은경 목사는 목사 안수를 받기 전부터 사회적 약자, 특히 폭력 피해 여성과 아동에게 관심을 쏟았다. 전북성폭력예방치료센터 부설 성폭력상담소 소장을 비롯해, 전북여성단체연합 상임대표, 전북이주여성인권센터 대표를 역임했다. 2000년 목사 안수를 받고 담임 목회를 하는 중에는 기장 양성평등위원회 위원, 전국여교역자회 회장 등으로도 활동하며 교단 내 성평등한 문화를 만드는 데 힘썼다.

교회 여성 리더십 역사의 새로운 페이지를 작성한 김은경 목사. 1년이라는 짧은 임기 내에 무엇을 할 수 있을까마는, 그가 총회장일 때 기장은 목사·장로만 참여할 수 있었던 총회 현장에 청년·평신도가 정회원으로 참여할 수 있게 했고, 장애인 편견을 조장하는 '목사의 자격' 문구를 개정하는 등 인상적인 변화가 있었다. 여성으로서 교단의 가장 영향력 있는 자리에 있는 김은경 목사에게 여성 안수와 여성 리더십에 대한 생각을 들어 보았다.

“이제는 때가 되지 않았나”

저는 한신대학교를 졸업하고 목사인 남편과 결혼해 오랜 시간 ‘사모’로 사역했어요. 준목 고시를 일찍 통과했지만 목사 안수는 2000년에야 받았죠. 목사 아내로 교회를 섬기는 동안에도 성폭력, 가정 폭력 상담소에서 기관 사역자로 활동했어요. 특별히 1990년대부터 2000년대 초까지는 사회에서 성폭력특별법·성매매특별법이 제정된 시기잖아요. 그때 법 제정 운동에 참여하기도 했어요. 성폭력과 가정 폭력을 처벌하는 법이 제정되고 우리 사회에 뿌리를 내리는 과정에서 전북성폭력예방치료센터 부설 성폭력상담소 소장을 맡아 일했죠.

2001년부터 담임 목회를 하게 됐고, 2018년 익산노회 노회장으로 당선됐어요. 당시 익산노회에서 여성 노회장은 제가 처음이었죠. 노회장으로 있는 동안 여성이라는 이유로 큰 어려움을 겪지는 않았지만, 여성들의 역할이나 역량이 보편화하지는 않았다고 느꼈어요. 그동안 노회든 총회든 정치 구조 안에서 여성들이 해 온 일들이 있었는데도요. 당시에도 ‘여성 노회장’은 특별한 경우처럼 여겨졌죠.

돌아보면 처음부터 총회장이 돼야겠다고 생각했던 건 아니었어요. 노회에서 부노회장을 하고 다음으로 노회장을 하면서 총회장까지 도전하게 된 거죠. ‘여성은 임원이 될 수 없다’와 같은 제약이 우리 교단 안에는 비교적 없었던 것 같아요. 과거에는 일부 남성 장로님 사이에서 "여성이 장로가 되는 건 시기상조 아니냐"는 얘기가 있었다고는 합니다만, 제가 총회장이 될 즈음에는 "이제는 때가 되지 않았나", "기장이 먼저 해야지"라며 응원하고 격려해 주시는 분이 많았어요.

물론 우리 교단이 이렇게 되기까지 여성들의 노력이 컸어요. 기장 내 여성 조직으로는 여신도회·여장로회·여교역자회가 있는데요. 우리 교단 여성들의 의식이 굉장히 높아요. '성평등'이라는 가치를 교단의 정책과 법에 어떻게 정착시킬 것인지 고민하고 계속 실천해 왔어요. 저는 양성평등위원회 위원으로, 여교역자회 회장으로 그 일을 더불어 해 왔는데요. 양성평등위원회를 상임위원회로 만들어 내고, 교회 성폭력을 해소하기 위해 '성 윤리 강령'을 만들었어요. 또 성폭력대책위원회와 가이드라인·안내 책자를 만들고, 각 노회가 1년에 한 번씩 성폭력 예방 교육을 실시하도록 의무화하기도 했죠. 총대 여성 할당제를 만든 것도 여성들의 성과였어요.

그래서인지 여성 총회장을 반대하는 목소리는 거의 없었어요. 원래는 총회에서 투표로 총회장을 정해야 하는데 저는 만장일치로 추대됐어요. 총대분들이 "우리 교단에 처음으로 여성 총회장이 탄생하는 건데 (투표 말고) 추대로 하자"고 하셨죠. 작년에는 코로나 팬데믹이 극심했잖아요. 저는 사람들 마음속에 있던 변혁과 변화에 대한 기대가 '여성 총회장 당선'으로 모아졌다고도 생각했어요. 제가 특출하고 특별해서라기보다는, 사회적 욕구였달까요.

총회장에 당선됐을 때 굉장히 기뻐하고 즐거워하던 여성들의 모습이 기억에 남아요. 여신도회·여장로회·여교역자회에서는 전적인 응원과 격려, 지지를 보내 주셨죠. 사실 저는 총회장이 되면서 큰 변화를 꿈꾸지는 않았거든요. 이미 조직화되고 체계화된 구조를 한 사람이 변화시킨다는 것은 굉장히 어려운 일이라는 걸 우리 모두 너무 잘 알고 있잖아요. 특히 종교 계통에서요. 그래서 저의 역할을 고민하면서도 큰일을 해내기는 어려울 거라고도 생각했어요. 그런데 오히려 사람들은 일단 여성이 총회장이 됐다는 것, 더군다나 주요 교단 최초 여성 총회장이 됐다는 것만으로도 의미가 있다고 저를 격려했어요. "잘 감당할 수 있도록 기도하겠다", "잘할 것이다"라는 응원을 많이 해 주셨죠.

법적인 차별은 사라졌지만

기장에서는 이제 여성 안수 자체는 수월해졌어요. 중요한 건 안수받은 목회자들이 현장에서 사역하는 거잖아요. 사역을 전제하고 목사 안수를 받는 거니까요. 그런데 여성 목회자들은 전임 사역지를 구하는 것 자체가 힘들고, 아르바이트처럼 시간제로 사역하는 상황이 곳곳에서 나타나고 있어요. 특히 팬데믹을 지나면서 이런 상황이 심해졌죠. 우리 교단뿐만 아니라 여성 안수제를 도입한 교단들이 다 비슷한 상황일 거라고 생각해요. 인구가 줄면서 교회의 힘이 약해지고 숫자가 줄어든 것도 있지만, 사람들이 교회에 모이지 못하면서 교회들이 더 힘들어졌고, 인력을 조정하는 과정에서 여성 목회자들이 배제되는 거예요.

교회가 여성 목회자를 선호하지 않는 이유도 있어요. 복음 전파보다는 기능적이고 기술적인 능력을 더 많이 갖추고 있는 남성 목회자를 선호하는 거죠. 운전을 할 수 있다든가, 임신·출산에 구애받지 않는다든가 등의 이유로요. 특히 여성 목회자들이 맡은 교회 현장은 대개 교인이 많지 않은 지방 농어촌 교회이거나 개척 교회, 어려운 도시 교회예요. 여성 목회자들이 교인 수를 늘려 놓고, 교회를 좀 더 나은 상황으로 만들어 놓으면 남성 목회자들이 그 교회로 들어온다고 해요. 교인들이 "여성 목회자가 있었으니, 이번에는 남성 목회자도 겪어 봐야지"라고 하면서 남성 목회자를 청빙하는 거죠.

목사 안수를 받는 데 있어 법적인 차별은 없어졌지만, 현장에서 사역자로 청빙되는 과정은 여전히 불안정해요. 지금 여성 사역자들에게 가장 시급한 건 목회 현장의 안정성이죠. 결혼한 여성 사역자들의 경우는 임신·출산 때문에 적극적으로 사역에 뛰어들지 못하기도 하잖아요. 이를 위해서는 앞으로 총회 차원에서 가이드라인을 만들어 갈 계획이에요. 하지만 가장 본질적인 건 인식의 문제라고 봐요. 우리는 그동안 남성 중심적인 지도력에 길들여졌고, 여전히 그 리더십에 대한 잔상이 남아 있는 거죠.

총회도 아직은 기울어진 운동장이에요. 우리 교단에는 '여성 총대 할당제'가 있지만, 노회마다 법에 대한 해석이 달라요. 총대가 10명 이상인 노회는 목사·장로 각 1인 이상의 여성 총대를 의무적으로 포함해야 하는데요. 노회가 총대를 선출하다 보니, 이 법을 적극적으로 해석해서 2명 넘게 파송하는 노회가 있는가 하면 그렇지 않은 노회가 있는 거예요. 예를 들어, 노회장이 여성이면 다른 여성 총대를 뽑지 않고 그냥 노회장을 여성 총대 몫으로 계산해서 한 명만 선출하는 곳도 있어요. 노회를 2~3개로 쪼개서 총대를 10명 미만으로 만든 다음, 여성 총대를 아예 안 보내는 경우도 있고요. 일종의 꼼수라고 봐야겠죠.

여성 총대 수가 적은 건 노회 구성원들이 여성 리더십에 대해 공유하는 가치가 다르기 때문이라고 생각해요. 그동안 자리를 독점해 온 남성 총대들은 여성 목회자들 때문에 자기 몫이 줄어든다고 생각하는 것 같기도 하고요. 그런데 여성 목회자를 정말 자신과 똑같은 목회자로 생각한다면 총회에도 같은 숫자로 갈 수 있지 않을까요? 한편에는 할당제가 별로 의미 없다는 의견도 있는데, 그렇게 생각하기보다는 이미 있는 법에 대한 해석을 좀 더 적극적으로 해 나가야 하지 않을까 하는 생각이 들어요. 현실에서는 법에서 정해 놓은 숫자조차 잘 지켜지지 않으니까요.

여성 안수는 성경의 '본질'

아직도 여성 안수를 인정하지 않는 교단들이 있어요. 하나님께서 여성을 통해 일하신다는 것에 동의하지 않는 거죠. 저는 그들이 복음을 왜곡하고 있다고 봐요. 예수 그리스도의 사역은 어머니 마리아와 세례 요한의 어머니 엘리사벳을 통한 약속과 구원의 역사거든요. 초대 교회를 이뤄 가기 위해 헌신한 사람 중에도 여성이 얼마나 많나요. 그런데 어느 순간부터 그 역사가 왜곡됐을 거라고 봐요.

저는 여성 안수를 반대하는 사람과 얘기를 좀 나눠 보고 싶어요. 왜 여성 안수를 인정하지 않는지. 기독교인들은 성경을 삶의 규범으로 삼고 살아가잖아요. 여성 안수는 성경이 말하는 본질이거든요. 인구의 절반이 넘는 숫자가 여성인데, 이들의 눈으로 성경을 해석하면 대단히 다른 세계가 펼쳐져요. 하나님의 시각은 결코 남성의 시각이 아니에요. 굳이 이야기하자면, 천지를 창조하신 하나님은 어머니와 아버지의 눈으로 세상을 바라보고 있어요. 기독교인들은 '그리스도의 심장으로'라는 표현을 많이 쓰는데요. 우리가 정말 하나님의 심장으로 본다면, 남성 목사와 여성 목사의 구분이 있을까요?

서울YMCA(Young Men's Christian Association)도 오래전 헌장을 개정하면서, 회원 자격을 '남자'에서 '사람'으로 바꿨어요. 예전에는 여성들을 '회우'라고 했거든요. 그런데 헌장을 개정하고 나서 남자·여자 모두 다 회원이 됐어요. 오늘날 사회 속에서 한 조직이 어떻게 살아남아야 할 것인가를 고민한 거죠. 그러기 위해서는 남녀를 구별하지 않아야 한다고 본 거고요.

여성 안수를 반대하는 교단도 변화해야 한다고 생각해요. 목사의 자격을 남성으로만 제한하고 있는 교단들은 법에 남성·여성이라는 말을 넣을 게 아니라 그냥 '사람'이라고 개정해야 해요. 그 교단 구성원들의 성비를 보면 여성이 훨씬 많거든요. 여성 전도사도 적지 않은 숫자고요. 근데 그 전도사들이 심방을 가고 할 때 제약된 신분으로 무얼 할 수 있을까요? 안수나 성만찬은 못 하고 그냥 말씀만 전할 수 있는 권위라면, 그 권위란 도대체 뭘까요?

저는 전환기나 위기일수록 여성 리더십이 중요하다고 생각해요. 우리가 지금 가장 긴급하다고 말하는 기후 위기 대처도 그렇잖아요. 기장이 106회 총회에서 탄소 중립 선언을 했는데, 기후 위기에 대해 공감하고 일상에서 가장 열심히 실천하는 집단을 보면 대개 여신도회 분들이에요. 이건 수년 전 이야기인데요. 총회를 하면서 한번은 '텀블러 가져오기' 캠페인을 한 적이 있어요. 텀블러를 준비해 오지 않은 남자분들께 컵을 하나씩 다 나눠 드리고, 회의장에 있는 종이컵을 모두 없애 봤죠. 그랬더니 컵을 어디다 갖다 뒀는지 자꾸 와서 또 달라고 하고… 이게 안 되더라고요.(웃음) 일례지만, 사람들을 일깨우고 '함께 가자'고 하는 실천력은 여성들이 더 뛰어나다는 생각이 들어요.

역사를 돌아봐도 위기의 순간에 공동체를 살리는 건 여성들이었어요. 구약 시대에서 신약 시대를 지나 오늘날에 이르기까지, 역사적인 상황마다 여성들이 새로운 모델을 만들어 내고 기존의 법과 관습을 바꿔 냈죠. 구약성경을 보면, 이스라엘 백성들이 가나안 땅에 들어가기 전 각 지파에 땅을 분배해 주는 장면이 있는데요. 당시 법에 의하면 아들이 없는 가문은 땅을 분배받을 수 없었어요. 그러자 므낫세 지파 중에서 슬로브핫의 딸들 다섯 명이 항의해요. 결국 그 여성들은 법이 아닌 하나님의 약속에 따라 유산을 상속받는 전례를 만들어 낸 것이죠.

예수님 시대에도 마찬가지였어요. 예수 그리스도의 십자가 아래서 마지막까지 죽음을 지켜보며 현장에 있었던 사람들은 여성이었고요. 부활을 첫 번째로 증거한 사람도 여성이었어요. 그리고 가장 중요한 건, 메시아 탄생 과정에서 연대를 이룬 사람들은 세례 요한의 어머니 엘리사벳과 예수의 어머니 마리아라는 거예요. 저는 그런 걸 보면서, 강고한 상투성을 뛰어넘고 새로운 역사를 열어가는 역할은 여성들이 해 왔다고 생각해요.

역사성 가진 리더 되기를

제가 총회장이 됐을 때 한 가지 일을 오랫동안 일관성 있게 해왔다고 이야기해 주신 분들이 계셨어요. 저는 여러 가지로 부족한 게 많은 사람이에요. 그럼에도 우리 사회 약자들, 특히 폭력 피해 여성들과 아동들, 그리고 결혼 이주민들이 당하는 인권 문제에 20년 넘게 천착하다 보니 그런 평가를 받은 것 같아요. 저도 그 과정에서 어떻게 사고하고, 무엇을 지향하고, 놓치지 않아야 할 것은 무엇인지 나름대로 훈련받은 것 같고요.

총회장을 어떤 '자리'라고 생각하면 두려움이 들 수 있어요. 우리 안에 이미 선입견이 전제돼 있는 거예요. 물론 이전 리더들이 보여 줬던 훌륭한 모습도 있죠. 역대 총회장님들을 보면 남성적인 카리스마가 굉장한 분들이시잖아요. 하지만 오늘날은 더 이상 남성적 카리스마를 요구하는 시대가 아니에요. 전체를 보면서도 다양한 목소리를 거들어 주는 리더십이 필요해요. 자기 검열의 목소리에 굴하지 않고 목회 현장에서 한 가지라도 성실하게 해 나가다 보면, 언젠가 전체가 보이는 경험을 하게 되더라고요. 저도 그랬고요.

지금은 과거보다 더 다양한 시대가 됐잖아요. 계층이 다양해지고 있어요. 다양한 계층이 있는 곳에는 다양한 욕구가 있고 다양한 문제점도 있거든요. 저보다 더 실력 있고 풍성한 경험을 가진 후배가 많이 있어요. 저 같은 사람도 총회장을 했으니, 더 훌륭한 후배들이 분명 준비되고 있을 거라고 생각해요. 교회는 여전히 남성적인 구조이지만, 그 속에서도 충분히 역량을 만들고, 자기 자리를 확보해 갔으면 좋겠다는 생각이 듭니다.

한 가지 염려하는 점은요. 우리가 팬데믹을 경험하면서 사회와 더불어 뒷걸음질 치지 않을까 하는 거예요. 노동 현장에서도 구조

조정이 있을 때 여성 노동자들이 먼저 희생된다는 이야기가 들려오는데요. 지금 교회도 마찬가지잖아요. 역사가 다시 후퇴하는 일은 막아야 하지 않을까 하는 생각을 하게 돼요.

마지막으로 후배 여성 목회자들에게 해 주고 싶은 이야기가 있어요. 여성 안수가 이뤄지기까지 수많은 사람의 노력이 축적돼 왔어요. 노력이 아니라 그야말로 싸움이었죠. 제가 늘 생각하는 건, 비단 목사 안수뿐만 아니라 우리 여성들의 역사는 굉장한 진보의 역사라는 거예요. 비록 찰나의 순간에는 좌절하고 꺾이고 몇 발짝 뒤로 물러가는 것 같아 보이지만, 전체를 돌아보면 우리는 여전히 진보를 향해 가고 있어요. 우리는 바로 그 희생과 헌신의 역사 위에 서 있는 거죠.

그동안 여성의 의지와 리더십은 수많은 공격을 받아 왔어요. 저도 알게 모르게 그런 도전과 공격을 받았을 거고요. 제가 여전히 큰 산을 넘고 있기 때문에, 그 산이 높은지 낮은지도 모르고 여기까지 온 건지 모르겠어요. 그렇지만 분명한 것은 저 또한 하나의 역사적 산물이라는 거예요. 히브리서 말씀처럼, '허다한 증인' 중 한 사람인 거죠. 저는 여성들이 그러한 역사성을 가진 리더가 됐으면 좋겠어요. 그래야만 우리가 앞으로의 비전을 이야기할 수 있다고 생각해요.

인터뷰 진행 및 정리: 나수진

06.

우리는 '더 잘해야 한다'는 감각을 공유하고 있다

한국기독교장로회 전국여교역자회 총무

김미희 목사

기장이 여성 목사제를 시행한 지 48년이 지났다. 여성 안수는 교단 구성원 모두가 '여성도 남성과 동등한 하나님의 형상'이라는 사실을 인정하기 위해 채워야 할 첫 번째 단추였다. 그로부터 50년 가까이 지난 현재, 기장 내 여성들의 처지는 어떨까. 첫 단추에 이어 두 번째, 세 번째 단추도 잘 채워지고 있을까.

1960~1970년대 여성 목사제를 위해 투쟁했던 이들은 은퇴한 지 오래다. 오늘날 기장 내 여성들의 현실을 듣기 위해서는 좀 더 젊은 인물을 찾아야 했다. 이 주제에 전국여교역자회에서 총무를 맡고 있는 김미희 목사(51)만큼 적임자도 없다. 김 목사는 여교역자회와 여신도회, 여장로회가 연대한 '기장여성연대'에서 실무를 맡고 있기도 하다. 교단 내 여성 관련 문제들에 연대를 요청하고 의견을 모아 함께 대응하는 일을 일선에서 담당하고 있다.

50대 초반 여성 목회자로서, 혹독한 현실을 버티며 목회자로 자리 잡은 선배들의 말 못 할 어려움도, 그 어느 때보다 뜨거운 여성 담론 가운데서 목회 길을 택한 후배들의 요구도 알고 있다. "강산이 변해도 몇 번이나 변할" 만큼 세월이 흘렀지만, 김미희 목사가 진단한 기장의 현실은 안타깝게도 아직 가야 할 길이 멀다.

여전히 존재하는 성차별과 성폭력

기장 전국여교역자회 총무로 사역한 지 2년째인데요. 여교역자회 50년 역사로 보면 정말 하나의 점 같은 짧은 기간이지만, 그간 제가 경험했던 일들이 현재 교단 여성들이 겪고 있는 어려움이 아닐까 생각이 들어요. 첫 번째로 제가 총무가 되자마자 마주하게 된 일이, 목사 고시 면접 과정에서 있었던 성차별 발언이었어요. 남성 목사님들이 목사 수련생인 여성 사역자에게 이런 질문을 한 거죠.

> "남편이 목사인데 왜 당신도 목사가 되려고 하느냐."
>
> "남편이 담임목사로 청빙받아서 교회에 가게 되면, 교회는 사모를 원할 텐데 왜 꼭 남편 앞길 가로막으면서까지 목사가 되려고 하느냐."

성차별적인 질문이었고 이것이 공론화가 됐는데, 사실 이런 일은 늘 있었어요. 남자들은 경험하지 않지만 여성들은 빈번하게 겪는 일이죠. "왜 여자가 목사가 되려고 하느냐", "왜 남편 앞길 가로막으면서까지 목사가 되려고 하느냐", "왜 사모로서의 자리를 지키지 않느냐"는 질문들을 듣게 되죠. 이게 우리 여성 사역자들이 겪고 있는 현실이라는 생각이 들어요.

두 번째는 작년부터 현재 진행형으로 겪고 있는 어려움 중 하나인데, 한신대학교 전·현직 교수들의 성희롱·성추행 사건이에요. 이걸 해결하는 과정 중에 있는데요. 제가 총회 성폭력대책위원과 양성평등위원으로 활동하고 있기도 하고, 또 가해 교수가 저희 노회 소속이어서 처음으로 노회 재판국원으로 활동해 봤어요. 가해자와 피해자를 만나고 재판 과정을 경험하게 되면서, 지금 우리 교단 헌법이 갖고 있는 취약점이 보이더라고요. 성폭력특별법이 제정돼 있지 않다 보니까, 성폭력 사건을 해결하기 위해 법과 제도를 적용할 수 있는 근거가 너무나도 미약한 거예요.

정말 너무 답답하고 분노가 일어서 자다가도 벌떡벌떡 일어나게 되더라고요. 그렇게 잠 못 이루는 밤이 많았죠. 이번 총회에 여교역자회가 특별법 제정은 안 되더라도 문제 되는 법 조항들을 개정하는 헌의안에 마음을 모으려고 준비하고 있어요. 노회에서도 낼 거고 양성평등위원회에서도 문제를 제기하려고 해요. 교단에서 성폭력 사건이 계속 일어나고 있는데, 피해자를 돕기에는 교단법이 너무 허술한 거죠. 지금 제가 현실적으로 피부에 와닿게 경험하는 어려움들은 이런 일들이에요.

여성 목회자들하고 이야기를 나눌 때면, 저는 비교적 차별의 경험이 덜하구나 싶어요. 제가 의식이 부족한 것일 수도 있겠지만, 저에게 어떤 고정된 성 역할을 요구했다거나 여성이기 때문에 안 된다고 했던 경험들은 그렇게 많지 않았던 것 같아요. 그런데 아까 목사 고시 건을 말씀드렸던 것처럼, 저도 준목 고시 면접을 볼 때 비슷한 경험을 했어요. 그때가 1996년이었는데, 당시 장면이 여전히 생생하게 기억나는 걸 보면 저에게 꽤나 충격이었다는 생각이 들어요.

남성 목사님 두 분이 면접관으로 앉아 계셨는데 "왜 목사가 되려고 하느냐"는 게 첫 질문이었고, 두 번째 질문은 "여자로서 할 수 있는 일이 많은데, 예를 들면 교사랄지 간호사랄지, 그런데 왜 여성으로서 어려운 목사를 하려고 하느냐"는 거였어요. "나중에 교회가 당신을 목사로 청빙하지 않을 텐데 그럴 때는 어떻게 하겠느냐, 개척할 마음이 있느냐"고도 물어보셨어요. 제가 좀 고지식한 편이거든요. 어떤 대답을 하면 꼭 그렇게 해야 하는 성격인지라, "네 개척하겠습니다!" 이렇게 당당하게 말하지는 못하고 "해야 하는 상황이 오면 해야겠지요"라고 대답했어요.

그러고 나서 시험 결과 통지서를 딱 받아 보는 순간 깜짝 놀랐던 게, 다른 시험들은 다 합격이었는데 면접에서만 불합격된 거예요. 그때 저희 담임목사님이 총회에 알아보셨어요. 다 합격인데 면접에서만 떨어진 게 말이 안 된다고 보신 거죠. 담임목사님이 알아보시고 저한테 전해 준 이야기는 "소명감이 부족했다"는 거였어요. 소명감… 근데 제가 지금까지 20년 이상 목사를 하고 있잖아요?

당시를 회상해 보면 남성과 여성이 너무 달랐던 게, 면접관을 만나고 나올 때 남성들은 평범하게 혹은 웃으면서 나오는데 여성들은 대부분 울면서 나왔어요. 다 그런 식의 질문을 받은 거죠. 제 친구도 펑펑 울면서 나왔어요. 저는 울지는 않았지만 '어떻게 이런 질문들을 우리한테 하지?' 하면서 분노했던 기억이 나요. 저는 목사로서 하나님 앞에 선다는 게 얼마나 두려운 일인지 알면서도 그 길을 먼저 걸어간 사람들이 면접관으로서 어떤 질문을 할까 기대하는 마음도 있었거든요. 근데 그런 질문을 받았을 때는 속상했죠. '진짜 말이 되지 않는구나….'

제가 지금은 덩치가 좀 있지만 젊었을 때는 키도 작고 왜소하고 동안이다 보니까, 나이보다 어려 보인다는 이유로 힘들다고 느낀 적이 많았어요. 그래서 나이 들어 보이게 하려면 어떻게 해야 하나 고민도 많이 했고, 일부러 좀 나이 들어 보이는 옷을 입거나 헤어스타일을 하고 다녔던 기억이 납니다.

여성 목사로서 자리를 지켜 내는 일

저희 교단에 여목사제가 도입된 지 50년이 돼 가는데, 그에 비해 여성 목사가 많지는 않아요. 목사 안수를 받는다고 끝이 아니라, 사역 현장과 계속 이어져야 남아 있을 수 있어요. 일단 사역 현장과 연결되지 않으면 아무 의미가 없어요. 사역 현장에서도 남성 중심적인 문화 속에서 그 차별을 견뎌 내고 이겨 내고 버텨 낸 사람들만 지금까지 남아 있는 거예요. 가부장적인 분위기 속에서 여성 목사가 스스로 자리매김하는 것 자체가 되게 어려운 일이에요.

여성 사역자들이 완벽주의적인 혹은 강박적인 성향을 가질 수

밖에 없는 이유가, 사역 현장이 그만큼 어렵기 때문이에요. 그 척박한 현장 속에서 여성의 자리를 만들어 내기 위해 더 완벽해야 하고 더 잘해 내야 한다는 감각들이 우리 안에 있다고 봐요. 저도 안수받은 후 사역 현장에서 잘 자리 잡는 것이 후배들을 위해 길을 열어 주는 거라 생각하고, 다른 남성들보다 더 열심히 하려고 했던 것 같아요. 그렇게 버텨 낸 사람들은 남아 있지만, 버텨 내지 못한 사람들은 결혼이라든지 출산이라든지 여러 이유로 떠나는 거죠. 이 상태로는 더 이상 여기 있을 수 없겠구나, 이런 현장 속에서 버텨 내려면 내 영혼이 죽겠구나, 하면서.

부부 목회자가 생겨나기도 하잖아요. 부부 목회자를 교회나 교단에서 인정해 주는 분위기가 되고, 부부 공동 목회를 할 수 있는 현장이 있다면 더 많은 여성 목사가 남아 있었겠지만, 대부분 부부 목회자의 경우 남성 목회자만 교회 사역을 해요. 사모이면서 목회자인 경우는 주로 기관 사역을 하더라고요. 그런데 교단에서 정식으로 인정해 주는 기관이 손에 꼽거든요. 그렇기 때문에 여성 목사로서 자리를 지켜 내는 일이 더 어렵지 않은가 하는 생각도 들어요.

저는 독신인데요. 제 선배 여성 목사님들을 보면 대부분 독신이었어요. 선배들을 보면서 여성이 목회를 지속하려면 결혼을 포기해야 하는구나, 결혼과 목회는 병행할 수 있는 것이 아니라 선택해야 하는 거구나, 그렇게 이해했던 것 같아요. 왜냐하면 선배로서 롤 모델이 되는 분들은 다 독신이었거든요. 제 눈에는 그런 분들만 남아 있는 것처럼 비쳤어요. 그러다 보니 저도 어찌어찌하다가 독신이 된 거죠.

이게 바람직한 현상은 아니잖아요. 후배들은 결혼을 하면서도 목회를 계속하고 싶은 욕구가 분명히 있고 또 그렇게 하는 게 바람직한데, 현장에서는 당장 여성 사역자가 출산했을 때 공백을 누군가 채워야 하고, 다른 부교역자들이 더 헌신해야 하고, 그걸 당회가 받아들여야 하고, 담임목사도 그런 생각을 가지고 있어야 하겠죠. 이런 게 용인되는 교회에서는 여성 목회자가 출산해도 남아서 사역할 수 있을 텐데, 그 또한 여성 목회자가 요구해야 하는 형편이니, 그 상황에서 당당하게 목소리 내고 자기 권리를 주장하는 게 참 쉽지 않겠구나 싶어요.

그러다 보니까 사역을 계속하고 싶은데도 포기하는 사례가 많아요. 다른 방법을 찾아서, 전임 사역자보다는 파트 사역자라도 좀 더 교회 현장에 머무를 수 있는 방법들을 찾아내고 하지만, 현장에서 여성 목회자로 오래 남아 있는 건 쉽지 않은 일이죠.

'여성 목회자'라는 틀을 벗어나

여성 담임목사가 더 많이 나와야 해요. 여성 안수 제도가 통과된 지 50년이 지났어도 여전히 여성이 담임목사가 되는 건 하늘의 별 따기 같더라고요. 남성들은 어느 정도 부교역자를 한 후 담임

목사로 간다고 스스럼없이 생각하고 준비를 하잖아요. 근데 여성 목회자들은, 특히 결혼을 하지 않은 여성 목사에게는 담임목사 자리가 더더욱 주어지지 않아요.

제가 지금 여교역자회 총무로 사역하고 있지만, 전에는 교회에서 오랫동안 사역했고 교회 사역에 대한 애정이 많거든요. 여기 오기 전 한 교회에서 담임목사 청빙 공고가 났을 때 이력서를 내 보라는 제안을 받은 적이 있었어요. 처음으로 용기를 내서 이력서를 냈죠. 첫 번째 절차는 통과했는데 두 번째에서 떨어졌어요. 그때 제가 그 교회 임시당회장 목사님께 여쭤봤어요. 이력서를 낸 사람 20명 중 여성은 저 혼자밖에 없었다고 하시더라고요.

총회 게시판에 담임목사 청빙 공고가 늘 올라오지만 여성들에게는 딴 나라 얘기예요. 이력서를 내려고조차 하지 않아요. 자신들은 이력서를 내도 어차피 서류 절차에서 그냥 비껴가는 존재라는 사실을 아는 거예요. 특히 담임목사 청빙 공고는 늘 결혼을 당연시해서 가족과 관련한 내용을 제출하게 하거든요. 결혼하지 않은 사람은 여기에 끼지도 못하는구나 싶죠. 담임목사 자리까지 갈 수 있게 여성에게도 남성과 동등한 기회가 주어져야 해요.

한편으로는 지금 여성 담임목사님들 현실도 너무 어려워요. 지역적으로도 남성들이 잘 가지 않으려고 하는 외진 곳에서 사역하시고, 안정이 보장되지 않는 사택에 살면서 사례도 제대로 받지 못하는 생활을 하세요. 남성 목사들은 어려운 지역에 가도 인맥이 있어서 후원을 요청할 수 있는 교회가 많은데, 여성 목사들은 그

릴 수 있는 교회도 너무 적은 거예요. 그러니까 그 가난을 그냥 자기 몫으로 감당하면서 사는 거죠. 제가 입버릇처럼 "우리 여성 목사님들은 100만 원 이상 받는 분이 없어요"라고 말해요. 실제로 이렇게 어려운 현실에 놓여 있어요.

여교역자회 총무로서 여성 목사님들 은퇴식에도 참석하는데요. 목회자가 되면 총회 연금을 부어서 노후를 대비하잖아요. 근데 여성 선배 목사님들은 연금을 내신 분이 많지 않아요. 최근 은퇴하신 한 목사님도 "저는 연금을 붓지 못했습니다"라고 하시는 거예요. 그래서 '은퇴하고 나면 공공 근로를 해야 할까' 이런 고민도 하셨다고 하더라고요. 그런 모습을 보면서 은퇴하시는 선배 목사님들이 노후를 조금이라도 준비할 수 있도록 제도를 마련하는 것도 과제라는 생각이 들었어요.

또 한 가지는, 저희 때와 다르게 결혼하는 여성 목회자가 늘어가고 있는 현실 속에서 출산과 육아를 병행하면서도 목회할 수 있는 현장과 제도를 만들어 내는 일이 필요하겠다는 생각이 들어요. 최근 저희 교단에서는 여성 목사가 늘어나고 있거든요. 그러다 보니 부부 목회자 수도 증가하고 있어요. 그런데 특히 지방으로 가게 되면, 여성 목사를 독립적으로 인정해 주기보다 무슨 1+1 상품처럼 취급해요. 사례는 적게 주면서 일은 똑같이 시키는 거죠.

여전히 교회들이 남성 목회자와 결혼한 여성 목회자가 사모 역할을 하기 원하는 분위기가 있어요. 그게 여성 목회자에게 얼마나 불행한 일이에요. 자신도 목사가 되기 위해 남성과 똑같이 긴 기간 공부했는데…. 이런 여성들이 자리매김할 수 있도록 모델을 많이 만들어 내는 일이 필요하겠다 싶어요. 그래도 요새는 긍정적인 모델이 좀 있어요. 부부 중 남성이 담임목사인 경우 여성이 부목사로 사역하는 사례도 있고요. 부부 목회자를 동등하게 전임 부목사로 청빙한 교회도 있어요. 이런 모델들을 함께 공유하면서 자리를 넓혀 나가야 하는 과제가 있겠다는 생각이 들어요.

마지막으로는 이제 제일 중요하면서도 길게 해 나가야 되지 않을까 싶은데요. 50년이 지났는데, 진짜 강산이 변해도 몇 번은 변할 세월인데도, 여전히 교회는 가부장적이고 남성 중심적인 문화·제도·법의 테두리 안에 있잖아요. 그렇기 때문에 여성이 들어가서 일하는 것 자체가 힘든 거예요. 남성적인 구조에 여성이 맞추려고 하는 거니까요. 여성 목회자로서 할 수 있는 영역이 분명히 있고 또 필요하기 때문에, 가부장적인 교회 문화와 인식을 바꿔 나가야겠다는 생각이 들었어요.

저는 여성 선배 목사들이 남성 목사들과 똑같이 사역하려 하는 모습을 많이 봤어요. 왜냐면 당시에는 모델이 남성 목사밖에 없었고, 또 그렇게 해야 살아남을 수 있었기 때문이죠. 저도 목회하면서 어느 순간 남성들과 똑같이 하는 선배들 모습을 보고 따라 했던 적이 있어요. 스타렉스 잘 몰아야 하고, 짐 옮길 때도 '여자라서 뺀다'는 소리 안 들으려고 열심히 했죠. 하지만 체력의 한계를 느꼈고, '목사로서 이런 걸로 인정받는 건 아닌데'라는 생각이 들더라고요. 남성들이 잘하는 기능을 잘해야만 인정받는 이런 건 아니라고요.

선배들이 여성 목사가 반드시 필요하다는 신념으로 여성 안수 제도를 이뤄 놓았다면, 후배들은 자기 색깔대로 목회하면서 자리매김해 나가는 것이 과제가 아닐까 싶어요. 저희가 1년 전부터 20~30대 그룹 모임을 시작했는데요. 그때 후배들에게 물어봤어요. "어떤 목사가 되기를 원하느냐"고. 이런 대답을 하더라고요. 여성 목사이기 때문에 이래야 한다고 하는 어떤 틀·그림·당위성을 따라가는 게 아니라, 저마다 가지고 있는 모습 그대로 목회하고 싶다고요. 그 답변을 듣고 '이제 정말 시대가 달라졌구나' 싶었어요. 그게 건강한 거죠. 후배들이 자기 색깔대로 목회할 수 있도록 전문성을 더 키워 낼 수 있는 길을 함께 모색해 나가는 것이 여성 안수 이후의 과제인 것 같습니다.

부족하지만 그래도 기장은 여성들의 연대가 있어요. 여교역자회·여신도회·여장로회가 '기장여성연대'라는 이름으로 함께하고 있죠. 처음 언급했던 목사 고시 성차별 발언이나 성폭력 같은 현안을 함께 논의하고, 총회 때 성평등적이고 여성주의적인 안건이 통과될 수 있도록 모임도 해요. 현실은 여전히 힘들지만, 연대하면서 느끼는 '자매애' 때문에 다시 힘을 내고는 하죠. 여성들이 함께할 수 있는 이런 모임들을 자꾸 만들어 내는 게 제 역할인 것 같아요.

인터뷰 진행 및 정리: 구권효

07.
여성 안수는 남성들 마음에 들어 받아 낸 게 아니다

대한예수교장로회 통합 전 예장여성회 총무
남금란 목사

남금란 목사(58)는 '연합', '단합', '연대'라는 단어를 자주 사용했다. 60여 년을 이어 온 긴 투쟁 속에서 낙담하지 않을 수 있었던 이유에 대해서도, 아직 여성 안수를 도입하지 않은 교단들에 하고 싶은 말을 전할 때도 이 말을 썼다. 그에게 여성 안수 투쟁은 여성들 간 연합·단합·연대를 몸소 체험하게 해 준 사건이었다. 남 목사는 교단 내 여성들이 '여성 안수'라는 깃발 아래 하나로 모였던 때를 회상하며, 활발히 소통하고 격의 없이 서로 의지한 '사랑방' 같은 시간이었다고 말했다.

남 목사는 예장통합에서 여성 안수가 통과되기 전인 1990년 장신대학교 신학대학원을 졸업했다. 1994년 총회에서 여성 안수가 통과될 때까지 여성안수를위한예장여성회(예장여성회) 총무를 역임하며 교단 내 여성들과 함께 여성 안수 실현을 위해 헌신했다. 그는 신학교 졸업 후 목회 현장에 있는 여성 교역자들을 만나면서부터 교회 내 구조적 차별에 눈떴다. 실력 있는 여성 교역자들이 낮은 급여로 평생 열악하게 살아가는 모습을 본 뒤 여성을 차별하는 안수 제도를 바꿔야겠다고 다짐했다.

여성 안수 도입 이후에도 전국여교역자연합회(여교역자회)에서 후속 작업을 도맡았던 남 목사는, 현재 여교역자회 산하 가정 폭력 피해자 쉼터 '보금자리'의 시설장으로 가정 폭력 생존 여성들의 회복과 자립을 돕고 있다. 예장통합 '1호 여성 목사'인 김예식 목사(예심교회)와 함께 강남노회 여성위원회 임원을 맡고 있기도 하다. 교회와 사회를 넘나들며 여성을 위해 활발히 활동하고 있는 그는 "지금 와서 여성 안수 이야기를 하라니까 새삼스럽다. 우리 교단에서는 여성 안수가 되게 자연스러운 게 됐다"라면서도 인내와 열망으로 가득했던 지난 투쟁 이야기를 들려줬다.

희생되는 여전도사들

지금 생각해 보면 순진했던 것 같은데, 처음부터 목사가 될 생각은 아니었어요. 신학은 우리가 왜 살아야 하는지, 어떻게 하면 행복해질 수 있는지, 죽음 너머 세계는 어떤 것인지 질문하는 학문이잖아요. 인간은 살면서 그런 질문을 해결해야 하는 순간에 반드시 부딪히게 돼요. 그런데 교회가 그것을 다 답해 주지는 못하거든요. 그래서 신학을 공부하고 싶었어요. 당시에는 평신도를 위한 신학교가 없어서 신학 공부를 하려면 장신대학교에 들어가야 했어요.

목사가 꼭 돼야겠다는 동기로 학교에 간 건 아니었지만 가서 보니 서러운 게 있었어요. 남자들은 목사가 되는데 여자들은 평생 전도사로 있어야 하잖아요. 제가 공부를 못한 것도 아니었는데 말이죠. 작은 예지만 이런 일도 많았어요. 학교 식당에 가면 일하시는 분들이 남자 전도사님들에게는 아들처럼 언제나 밥을 챙겨 주고 못 먹을까 봐 걱정해 주셨는데요. 여자들은 조금만 늦게 가도 한 소리씩 듣고 그랬어요. 교회 가면 권사님들이나 집사님들이 목사님 대접에는 지극정성이시잖아요. 그런 게 학교에서부터 있었던 거죠.

그래도 신학교에서는 특별히 차별받는다고 느끼지 않았어요. 학교를 졸업한 뒤, 현장에서 목회하고 있는 여성 교역자들과 만나다 보니 차별이 실제로 보이더라고요. 당시 여성 교역자들은 대부분 심방 전도사님들이셨어요. 전도사는 담임목사의 의중에 따라 언제든지 해고가 가능했어요. 우리 교단 역사를 보면 여성들이 교회 성장에 지대한 역할을 했는데도 여성 교역자들은 법적으로 임시직이었던 거죠. 남성 전도사들은 잠깐 전도사로 생활하다가 목사가 되고 담임 목회를 하게 되는데요. 여성 부교역자들은 담임 목회의 길이 막혀 있으니 은퇴할 때까지 담임목사에게 예속돼 있었던 거예요.

여성 전도사님들 중에는 아무도 가지 않는 산골이나 섬으로 가시는 경우도 있었어요. 그렇게 고생하면서 교회를 일궈 놓으면 노회에서 남성 목사를 파송하기도 했어요. 교인들이 축도를 할 수 있는 남성 목사를 원하니까요. 그러면 또 아무런 대책 없이 해고당하는 거죠. 여성 전도사는 급여도 남성 목사의 ⅓ 정도밖에 못 받았어요. 노후 대책을 세울 수 없었죠. 그래서 병에 걸리거나 은퇴했을 때 빈곤 계층으로 떨어지는 독신 여성 교역자가 많았어요.

교회에서는 신학대학원을 졸업한 여성들을 별로 좋아하지도 않고 잘 부르지 않았어요. 전임 사역 자리는 남성에게만 주어지다 보니, 여성들도 아예 처음부터 특수 목회를 하거나 기관에 들어가는 경우가 많았어요. 아니면 주일에는 교육전도사를 하고, 주중에는 별 대책 없이 공부만 계속하면서 학위를 따는 분이 많았죠. 그런 모습을 보면서 신학대학원을 나온 고학력 여성들의 능력이나 전문성이 현장에서 별로 쓰이지 못하고 사장된다고 느꼈어요.

현장에는 이런 애환이 참 많았어요. 제가 여성 안수 운동을 했던 거는요. 의식화돼서라기보다는 '저분들은 정말 목회해야 하는 분들인데, 저렇게 어렵게 지내는구나' 하는 마음이 막 일어나서였어요. 심방을 하면 많이 걸어야 하잖아요. 그래서 다리에 병이 생겼는데도 노후에 그저 버려지는 삶, 교회에서 아무도 책임지지 않는 삶을 사는 분도 계셨고요. 성폭행당했지만 말할 수 없는 교회 분위기 속에서 끝까지 침묵하며 혼자 고통당하고 있는 분도 계셨어요. 교인들이 시험에 들지 않아야 한다는 이유로 여성 전도사들이 희생양이 됐던 거죠. 정말 많이 울면서 이 일을 했던 것 같아요.

교단 내 여성들이 하나 되어

예장통합에서는 이전부터 평신도 조직인 여전도회전국연합회

(여전도회)와 여교역자회를 중심으로 여성 안수 운동이 이뤄지고 있었어요. 각자 나름대로 열심히 여성 안수 운동을 해 온 거죠. 여전도회는 각 노회가 보다 많은 여성 안수 청원을 할 수 있도록 교회 안에서 주로 활동했고, 여교역자회는 여성 지도력을 훈련하거나 여성 목회 안내서 같은 책자들을 발간했어요. 초교파적으로 여성들과 연대 활동을 하거나 사회 여성 단체들과 협력하는 역할도 했고요.

예장여성회는 1989년 결성했어요. 처음에는 여성안수실천동지회라는 이름으로 시작했는데요. 여교역자회 회원 중에서도 신대원을 막 졸업한 젊은 여성 교역자들의 모임이었죠. 저는 당시 총무를 맡아, 각 지역을 돌아다니면서 서명운동도 하고 공청회를 열어서 여성 안수를 홍보·교육하는 활동을 했고요. 여성안수공동대책위를 조직해서 초교파적인 연대 활동을 하기도 했어요. 여교역자들의 현장 목회 이야기를 담은 사례집을 내기도 했고요. 교단 총대들에게 직접 손 편지를 쓰고, 매스컴을 이용해 여성 안수 필요성을 알리기도 했죠. 총회 현장에 찾아가서 단식 농성을 한 적도 있고, 피켓 시위, 침묵시위를 하기도 했어요. 아주 작은 조직이었지만 정말 알차게 일했어요.

이 모든 것을 예장여성회의 힘만으로 한 건 아니었어요. 여전도회, 여교역자회, 예장여성회, 여신학자협의회 등 모두가 똘똘 뭉쳐서 모든 일을 같이했어요. '서로 방식은 달라도 같이 가자', '천천히 가더라도 함께 가자'는 마음으로요. 다른 진보 교단에서는 일찍이

신학적으로 여성 안수 근거를 마련하고 여성 안수제를 도입했잖아요. 저희는 늦기는 했지만, 60년 넘게 싸우면서 그 과정을 통해 우리 스스로 얻어 낸 성과라는 자부심이 있어요. 역사적인 유산인 거죠. '여성들이 하나 될 때 하나님이 일하시는구나' 하는 믿음의 고백을 직접 체험한 거예요.

1만 통이 넘는 손 편지를 쓰다

1978년 총회에서 여성 안수가 투표에 부쳐졌는데, 11표 차로 부결됐어요. 굉장히 오래전 일이잖아요. '이거 조금만 기다리면 되겠다'라고 생각했어요. 그런데 시간이 지날수록 점점 더 표 차가 벌어지더라고요. 1989년에는 찬성표가 더 많았는데도 과반에 못 미쳐서 부결됐고요. 1991년에는 3년간 더 이상 청원하지 말라는 결의를 하기도 했어요. 그때 정말 크게 실망했죠. "우리끼리 교단을 하나 만들어야 하는 게 아닌가" 이야기할 정도였어요. 일부 여성 교역자는 여성 안수를 주는 교단으로 가기도 했고요.

그러면서 '기득권자들은 권력을 스스로 포기하지 않는다', '약자들의 단결을 통해서만 권리를 얻을 수 있다'는 역사의 교훈을 상기하기 시작했어요. 구체적으로 '여성 교역자들에게 힘이 필요하구나', '우리가 단결해야 하는구나'를 뼈저리게 느낀 거죠. 역설적으로 여교역자들이 더 열심히 모이는 계기가 됐어요. 선후배가 모이니까 자연스럽게 교회 현장에서 일어난 이야기를 나누며 고충들을 들어 주고, 서로 격려도 하고, 같이 놀러도 가고, 밥도 먹고 했어요. 여성 안수라는 공동의 목표가 여교역자들을 끈끈하게 매는 사랑의 줄, 위로의 공간이 된 거죠. 인내한 시간이 길었지만, 무의미하게 실망만 하는 시간은 아니었어요. 오히려 우리가 성장하고 연합하는 시간이었다고 생각해요.

처음에는 여성 안수를 청원하는 것조차 용기가 필요했어요. 선배들은 치리당할 걸 각오하고 청원했다고 그러시더라고요. 그런데 청원하고 부결하는 상황이 반복되면서 여성 교역자들이 '더 이상 이렇게 가만히 있을 수는 없다', '우리가 뭔가 해야 하지 않나'라고 생각하게 된 거죠. 신학적·성경적 연구를 세상에 많이 내놨어요. 열띤 토론도 하고요. 그래서 여성 안수가 통과될 무렵에는 여성 안수를 찬성하는 신학적 근거에 반론을 제기하는 분위기는 거의 사라졌어요. 신학교 교수님들이나 일반 목회자들도 여성 안수를 지지하는 의견을 많이 내면서 여성 안수가 더 이상 신학적·성경적 문제가 아니라는 인식이 생겼죠.

다만 가부장적 문화나 성차별적 인식은 그대로 남아 있었어요. "안 그래도 목사가 이렇게 많은데 여성들까지 목사가 되면 남자들이 설 자리가 좁아진다", "결혼하고 임신하고 생리하는 여성은 강대상에 오를 수 없다"고 주장하는 분도 계셨죠. "세상의 방식으로 시위하는 것은 비신앙적이다", "교회에 저항하는 것은 하나님에 대한 불신앙 아니냐"는 주장도 있었고요. 여성 교역자들이 총회를 방청하고 시위할 때 총대들에게 이런 말을 듣기도 했어요. "나한테 잘 보이면 봐주고, 못 보이면 어림도 없다"고요.

1994년 79회 총회 때 여성 교역자들이 총회 방청석에 앉아 있었는데요. 과반수인 661표를 넘기면 여성 안수제가 통과되는 거였어요. 그런데 발표하시는 분 입에서 "칠백…"이 나오는 거예요. 그때 많이 울었어요. 탄성도 지르고, 얼싸안기도 하고. 어떤 분은 그 자리에서 막 절을 하시기도 했죠. 기쁨도 컸고 감동도 컸어요. 그만큼 오랜 숙원이었으니까요. 그 당시 예장통합의 여성 안수 통과는 국내외적으로도 매우 큰 이슈였어요. 축하나 축전이 쇄도했죠.

근데 그걸로 끝난 게 아니라 이듬해 전국 봄 노회에서 헌법 개정을 위한 수의 과정이 남아 있었어요. 전체 노회 ½과 노회원 ⅔가 받아 줘야 헌법이 개정되는 거예요. 그래서 1994년 겨울 여교역자회 사무실에서 1만 개가 넘는 전통 문양 책갈피를 직접 만들었어요. 전국 노회원들에게 성탄절 선물로 보냈죠. 손 편지도 직접 하나하나 썼고요. '총회가 결정한 이 사안을 노회가 받아 주십시오'라고요. 고생 많이 했죠. 너무 감격에 겨워서 그렇게 할 수 있었던 것 같아요.

그렇게 노회 수의까지 통과되고, 1996년 5월 여성 목사님 19명이 탄생했어요. 저는 좀 더 심사숙고한 뒤 목사가 되겠다는 생각에 1998년 안수를 받았는데요. 그전에도 여성 목사 안수를 받는 사람이 있으면 제주도까지 가서 축하해 주고 그랬어요. 그때마다 감동이 밀려와서 막 눈물이 나더라고요. 남이 안수받는 것만 봐도 좋았어요. 이제 우리 여성들도 하나님이 주신 영적 은사를 마음껏 활용하고 발휘할 수 있겠다는 열망이 차올랐어요. 물론 여성의 권리는 하나님이 여성을 만드실 때부터 이미 부여해 주신 거예요. 여성 안수는 새삼스러운 것도, 남성들 마음에 들어서 받아 낸 것도 아니죠. 여성들도 명실공히 남성들과 동등한 동반자로서 하나님 뜻을 펼쳐 나갈 수 있다는 걸 제도적으로 보장받은 것뿐이에요.

여성 안수 도입 이후에도 여성 지도력은…

여성 안수 통과 이후 여성 사역자들의 처우가 좋아졌다고 말하기는 어려울 것 같아요. 제가 봐도 여교역자들의 평균 임금은 남성에 비해 많이 낮거든요. 사회와 비교하면 훨씬 더 떨어지고요. 임지도 부족해요. 여성 안수 이전 상황이 지금도 반복되고 있는 거죠. 여성 교역자를 위한 경제적·행정적·심리적 지원 장치를 마련해야 한다고 생각해요.

여성 지도력도 개발해야 해요. 에큐메니컬 운동, 노동, 농촌, 생태계, 통일, 타 종교, 인권, 복지, 언어 등 다양한 영역에서 여성 지도력을 개발하고 재교육할 필요가 있어요. 또 여성들이 서로 인정해 주고, 밀어주고, 지원하는 '연합'이 여전히 가장 중요해 보여요. 요즘에는 사회뿐만 아니라 교회도 개별화해 있어서, 연대하는 힘이 약해지고 각자 알아서 살아남아야 하는 식이잖아요.

총회 차원에서는 여성위원회나 여성 총대 할당제를 법제화해야 해요. 작년 총회에서 총대 1500명 중 여성은 34명밖에 안 됐어요. 장로님이 24명, 목사님은 10명이었죠. 여성 총대 할당제는 매번 부결되고 있는데요. 여성 교역자들이 의사 결정 과정에 참여할 기회를 보장하는 제도가 필요하다고 생각해요.

아직 여성 안수를 도입하지 않은 교단은요. 교단 내 여성들 간 협력과 소통이 필요해요. 한 사람보다는 많은 사람의 힘이 더 셀 수밖에 없잖아요. 초교파적으로 뜻을 같이할 수 있으면 더 좋고요. 남성들이나 교회 밖 사람들이더라도 모이면 모일수록 힘은 커진다고 생각해요. 또 이미 여성 안수를 주는 교단들이 축적해 온 신학적 작업과 경험이 있잖아요. 그런 것들을 충분히 활용하면 좋겠어요. 일단 지도자들이나 교인들의 의식을 높이는 일을 해야겠고요. 목회자 자신의 실력과 영성도 향상해야 해요.

중요한 것은 이런 일들을 '조직적'으로 하는 거예요. 할 수 있는 건 뭐든지 다 해 봐야 합니다. 기도도 해야 하고요. 금식도 하고요. 시위·서명·교육도 하고요. 노력은 헛되지 않는다고 생각해요. 모든 과정이 여성들의 힘을 모으고 하나가 되는 과정이에요. 마지막으로 '개혁 교회'는, 과거에 한 번 개혁함으로써 끝나는 게 아니라 지금도 끊임없이 개혁하는 교회라는 점을 기억했으면 좋겠어요.

인터뷰 진행 및 정리: 나수진

08.

'통일 때까지 여성 안수 보류한다'던 교단에 반기를 들다

대한예수교장로회 통합 전 여전도회전국연합회 회장
김희원 장로

여성 안수제 도입을 위한 투쟁에는 여성 교역자만 참여한 것이 아니다. 장로교단에서 1930년대 여성 장로를 세워 달라는 요구로 시작된 여성 안수 운동은 평신도·교역자·신학자 등 다양한 교단 구성원의 연대 속에서 이뤄졌다. 예장통합은 1959년 예장합동과 분열한 후 본격적으로 여성 안수 투쟁을 벌였다. 그 핵심에는 여성 평신도들을 중심으로 조직된 여전도회전국연합회(여전도회)가 있었다. 이들은 물심양면으로 남성 총대들을 설득했고, 그 토양 위에서 젊은 여성 교역자들의 노력이 결실을 맺은 것이다.

김희원 장로(84)는 1989년부터 1991년까지 여전도회 회장을 맡았다. 1977년 여전도회에서 활동을 시작한 이후 사무처장을 역임하기도 한 그와의 인터뷰는 수차례 거절과 설득 끝에 성사됐다. 약속을 잡고 만난 장소에서도 그는 "다 잊어버렸을 수도 있다", "우리 교단에는 더 대단한 어른이 많다"며 인터뷰를 고사했다. 하지만 인터뷰를 시작하자 김 장로는 이야기보따리를 한껏 풀어내며 수십 년 전 일을 생생하게 들려줬다. "장신대 교수들과 〈교역과 여성 안수〉라는 책자를 만들어 총대들의 가방에 하나씩 넣었다", "1300여 명이 투표해서 칠백몇 대 육백몇 표로 통과됐으니까 아주 근소한 차이였다"며 구체적인 이름과 수치를 열거할 정도였다.

안타깝게도 현재 예장통합에는 당시 투쟁에 참여했던 여성들이 연로하거나 작고해 거의 남아 있지 않다. 그런 점에서 김 장로는 '살아 있는 역사'이기도 하다. 그는 여전도회관 내 역사전시관 한쪽 벽에 전시된 역대 여전도회장들의 사진을 손가락으로 짚어 가며 "나는 '피라미'로 있으면서 어르신들이 '이거 하자' 그러면 밑에서 따라 하는 역할을 많이 했다"고 말했다. 스스로를 내세우지 않았지만 여성 안수 투쟁에 헌신한 그의 생애는 한국교회 모두가 기억하고 존중해야 할 역사였다.

'바지 입은 분들'뿐인 총회서 마이크 잡다

사람들이 헷갈려 하더라고요. 우리 교단에서 여성 안수가 통과된 건 33년 만이 아닙니다. 61년 만이지요. 1933년에 함남노회 최영혜 여전도회장이 처음 여장로제를 헌의했으니까요. 61년 전부터 건의했는데 안 된 거잖아요. 하도 안 되니까, 하루는 제가 교단에 직접 물어봤어요. 안 되는 이유가 뭐라고 쓰여 있느냐고요. 교단에서 자료를 찾아보더니 이렇게 말하더라고요. '통일 될 때까지 여성 안수는 보류한다'고 했다고. 여성 안수가 통과된 후 이제 통일도 금방 될 것 같다며 기뻐했던 기억이 나네요.

그전까지는 여성이라는 이유로 수도 없이 차별당했지요. 전부 남자 위주로 교회·교단을 이끌어 갔으니까요. 여성들은 회의에도 못 들어가고, 결정권도 없고, 논의 과정에 참여하지 못하게 하니까 내용도 모르고 답답했어요. 제가 늘 입버릇처럼 하던 말이 "교단에는 여성이 더 많은데 왜 '바지 입으신 분들'만 저렇게 임원이 되느냐"는 거였어요. 당시 저는 남자분들을 '바지 입으신 분들'이라고 표현했거든요.

저는 교회에서 부서장을 정할 때도 처음부터 목사님께 말씀드리는 사람이었는데요. "봉사부장은 안 하겠다", "부엌에서 앞치마 입고 일하는 건 싫다"고요. 그동안 봉사부장은 주로 여자한테 시켰거든요. 저한테도 그걸 시킬까 봐 아예 먼저 하기 싫다고 이야기한 거예요. 그랬더니 목사님이 저한테 음악부장을 맡기시더라고요. 제가 성가대 가운을 다 지어서 입혔다니까요.(웃음)

교회 여전도회 임원을 하다가 1977년부터 여전도회전국연합회에서 활동했어요. 그러니까 만 38살부터 지금까지 쭉 여전도회 회원으로 있는 거예요. 1989년부터 1991년까지는 회장을 맡았고요. 장로 안수를 받기 전까지 여성들은 공식적으로 총회 석상에 들어갈 수도 없었어요. 여성 안수를 위해 할 수 있는 게 별로 없었죠. 여전도회 차원에서 여성 안수 관련 책자를 만든다거나, 노회를 다 찾아다니면서 여성 안수의 당위성을 직접 말씀드리고 그랬어요.

그때 전국에 안 간 노회가 없을 거예요. 회장 임기를 마쳤을 때인데, 다음 회장이 된 김옥인 장로랑 같이 노회에 인사하러 다녔죠. "여성 안수가 꼭 필요하다", "총회 투표에서 꼭 찬성을 찍어 달라"고 이야기하면, 남성 장로님이나 목사님들은 다 "좋다"고 하셨어요. 그런데 정작 투표할 때는 찬성을 안 찍더라고요. 부결된 거

보면 안 찍은 거죠. 오죽하면 선배들이 "바지 입은 분들은 믿지 말라"는 말을 했을까요.

여성 안수 운동을 하다 보니까 "여자들이 설치면 안 된다", "여자들은 잠잠하라"는 말을 자주 들었어요. 남성분들은 성경 구절을 꺼내면서 여성 안수를 반대하셨어요. 여성들은 총회에 간다고 해도 발언권이 없다 보니 아무 대꾸도 못 했지요. 총회에서 발언할 수 있는 여성은 여전도회장이 유일했어요. 제가 여전도회장일 때 한번은 총회에서 여성 안수 투표가 끝나고 마이크를 잡은 적도 있었어요. 분명 가결된 분위기인데, 사회자가 몇 표 차이로 부결됐다고 말하는 거예요. 정말 화딱지가 났어요. 그때 손을 들고 나가서 "투표용지 보전 신청을 해 달라"고 발언했어요. 욕 직사하게 먹었지요.(웃음) "어디 여자가 보전 신청을 내냐"고요. 근데 여성분들은 그걸 보고 잘했다고 손뼉 치고 그랬어요.

제가 여성 안수 역사를 공부해 보니, 총회에서 투표만 14번을 했더라고요. 부결됐을 때는 막 울고 그랬어요. 속상하니까요. 더 서러운 건 여전도회 회원들은 안 보이는 곳에 가서 울어야 했다는 거예요. 보는 데서 울면 "여자들이 또 운다"고 야단치니까. 그래도 금세 "우리 또 하자"며 일어서고 그랬어요. 다시 노회를 찾아다니면서 인사하고, 장신대 교수들한테 "어떻게 하면 좋겠느냐"고 물으면서 같이 회의도 많이 했지요. 고맙게도 장신대 교수들이 우리 편을 많이 들어 줬어요. '이럴 때는 이렇게 하는 게 좋겠다', '어떻게 하라'고 조언해 주셨지요.

1992년에는 장신대 교수들의 도움을 받아 〈교역과 여성 안수〉라는 책을 발간하기도 했어요. 총대들 가방에 그 책을 전부 넣어 드린 적도 있어요. 총대들에게 점심을 대접한 적도 많아요. 총회 때마다 선물을 돌리기도 했고요. 우리가요, 이 모든 걸 사비로 했어요. 공금으로 한 게 아니에요. 그때 저도 돈 많이 썼어요.(웃음) 1000명이 넘는 총대들한테 선물로 수저 세트를 돌렸는데 그것도 좋은 걸로, 은으로 된 걸로 줬거든요. 내키지는 않지만, 여성 안수 도입을 간절히 원하니까 그렇게 했던 거예요.

여전도회 후배나 동료들이 애를 정말 많이 썼지요. 나중에는 여교역자들 도움도 받고, 여성 신학생들과 더불어서 일하고 그랬는데요. 여성 안수는 그런 합작의 결과이지만, 처음에는 여전도회 회원들이 수고를 참 많이 했어요. 그렇게 최선을 다하신 분들이 이제 대부분 작고하시고 얼마 남지 않았네요.

교단 첫 여성 총회 임원이 되다

여성 안수가 통과되던 날 제가 총회 석상에 있었거든요. 거수로 투표를 진행하는데, 총회장이었던 김기수 목사님께서 "찬성하시는 분은 (머리 위로 두 팔을 크게 벌려 원을 만들면서) 동그라미를 이렇게 하고, 반대하시는 분은 (손가락으로 작게 엑스 자를 하면서) 이렇게 하라"고 하셨어요. 여성 안수 찬성을 암시하는 제스처였지요. 그 모습에 사람들이 막 웃고 손뼉도 쳤어요. 총회장까지 여성 안수 도입에 협력하는 상황이 온 거였죠.

너무 좋아도 눈물이 나잖아요. 여성 안수가 통과됐을 때, 2층 방청석에 모여 있던 여전도회원들은 울고, 손뼉 치고, 할렐루야 부르고, 아주 그냥 난리가 났지요. 평소에는 힘이 쭉 빠져서 내려오고는 했는데, 그날은 손 흔들면서 나오고 그랬어요. 이후에 우리끼리 잔치도 열고 감사 예배도 드렸지요.

"교단에는 여성이 더 많은데 왜 '바지 입으신 분들'만 저렇게 임원이 되느냐"라는 제 말이 하늘에 닿았는지, 나중에는 제가 교단에서 첫 번째 여성 총회 임원이 됐어요. 89회·90회·91회기 3년 동안 총회 부회록서기를 했지요. 여성으로서는 처음으로 총회 임원이 된 거였으니까 최선을 다했어요. 첫해에는 총회 임원석에 여성이 있는 게 낯서니까 사람들이 가까이 와서 저를 막 훑어보더라고요. 이상한 사람이 와서 앉아 있는 줄 알고. 그래서 제가 무슨 일 있느냐고 물었더니 "아니, 얼굴 보러 왔다"고 그래요. 제가 무슨 괴물처럼 생겼나 했어요.(웃음) 그만큼 여성이 총회 임원이 된 게 이상했던 거지요.

여성 안수 통과되고는 그래도 여성 임원이 조금씩 나왔는데, 올해 총회 임원회에 여성이 없어요. 우리 교단에 여성이 130만 명이거든요. 전체 교인의 절반 되는 숫자예요. 그럼 여성 임원이 한두 사람이라도 꼭 들어가야 하는데 그러지 않아서 안타까워요. 여전도회가 여러 방면으로 애를 쓰고 있지만, 아직도 "이 자리는 목사

자린데 왜 여장로에게 주느냐"고 말하는 남자 목사님들이 있어요. "여장로는 부회록서기가 아니라 부회계자리를 줘야 한다"고 하는 분도 계신데, 저는 도저히 이해가 안 돼요. 제가 그랬던 것처럼, 여자들도 얼마든지 역할을 잘할 수 있거든요. 우리 여전도회에도 조직을 체계적으로 잘 이끌어서 능력을 인정받고, 회의법에 정통한 사람이 참 많은데, 여자들이 인정받는 게 남자들한테는 보기 안 좋은가 봐요.

전 여성 할당제는 반대해요. 왜냐면 할당제가 정한 숫자 이상으로 여성을 세울 수 없잖아요. 규정에 발이 묶이는 거지요. 물론 여성 총대는 지금보다 훨씬 늘어야 해요. 총회를 하면 보통 여성 총대는 전체 총대 1500명 중 30명 안팎이에요. 나머지는 다 남자인 거예요. 이건 도저히 균형도 안 맞고, 하나님 뜻도 아닌 것 같아요.

저는 여성 안수가 법제화하고 3년 만에 장로 안수를 받았어요. 우리 교회가 규모가 큰데도, 그때까지 여성 장로가 안 세워졌어요. 1998년에 우리 교회에서 1500명이 장로 임직 투표에 참여했어요. 그때 장로가 된 사람 중 여자는 제가 유일했고요. 처음에는 그렇게 여성 장로를 잘 안 세우다가, 새로 부임한 목사님이 "우리 교회는 여성 장로가 더 필요하다"고 말씀하시니까 나중에는 여성 장로 6명이 한꺼번에 인수받기도 했어요.

그때까지만 해도 여성 장로에 대한 시선이 좋아서 여성 장로가 많이 나왔어요. 그런데 지금은 왜 그런지 여성 장로가 적게 나와요. 보통 한 교회에 남성 장로가 20여 명 있다고 치면, 여성 장로는 한두 명 있을까 말까 하죠. 여성들 얘기를 들어 보면, 먼저 자기 남편을 장로로 세우고, 다음에는 아들을 세워야 한대요. 그러니까 장로 될 만한 여성이 있어도, 여성들이 좀 나중에 하려고 한다는 거예요. 남성 목사님들은 여자가 여자를 안 찍는다고도 얘기하고. 사실 그런 면도 있지요. 근데 어느 교회에서는 남편이 장로면 아내는 장로를 할 수 없다는 법을 정했대요. 제가 "그런 법은 우리 교단에 없다. 듣지 말라"고 했어요.

과거에 비해 여성 장로 숫자가 자꾸 줄어드는 현상을 어떻게 개선하느냐가 요즘 가장 큰 고민이에요. 여성 장로를 세우는 건 여성의 지위 향상뿐만 아니라 교회를 성평등한 관점에서 올바르게 운영하기 위한 것이니까요. 교회 민주화 운동을 한다면서 조직에 남자분들만 속해 있는 게 과연 민주화일까요. 민주화는 여성과 남성이 공히 이뤄야 한다고 생각해요. 교회가 여성 장로를 많이 세워서 남녀 장로 숫자를 동등하게 해야 해요. 교회가 발전하려면 여성의 소리가 많이 들어가야 하고, 남녀가 함께 일해야 해요.

끈질기게 싸우는 여성이 이긴다

여성 안수를 주지 않는 교단은요, 다른 건 몰라도 그런 면에서는 고루한 거죠. 이제는 시대가 달라진 만큼 생각을 바꿔야 해요. 지금은 21세기잖아요. 시각을 바꾸셔야지. 그런 점에서 남자들의 머리·생각을 바꾸는 일이 중요해요. 여성 안수에 찬성하는 교수·목사분들이 여성들에게 설명할 게 아니라 남자들한테 가서 설교를 많이 해야 해요. 그렇게 그분들 생각을 바꿔야지, 여성들이 아무리 얘기해도 안 듣더라고요. 그쪽 신학교에 필수과목으로 '여전도회학'을 집어넣으라고 해 봐요. 남성 목회자 후보생들을 대상으로 그런 교육이 절대적으로 필요해요.

여러 방면의 협력도 필수적이에요. 우리 교단만 봐도 여성 평신도들과 교역자들이 협력했고, 신학 교수들이 글을 쓰면 여전도회 회원들이 그걸 책으로 묶어 총대들에게 전달했다니까요. 감리회 등 다른 교단에 계시던 분들이나 미국장로교회(PCUSA), 아시아교회여성연합회(ACWC) 등도 우리 교단 여성 안수 통과를 위해 음성적으로 참 많이 도와줬어요. 기도해 주고, 직접 총대들에게 전화를 걸어서 설득해 주기도 하고. 그런 많은 일을 함께 협력해서 했지요. 안 돼도 계속했거든요. 결국에는 끈질긴 사람이 이기니까요. 그러니까 여성 안수는 전적으로 여성들이 만들어 낸 거예요. '이건 절대로 아니다', '끝까지 해 보자'라는 생각으로 숨어서 일하고, 이름도 알리지 않고 열심히 싸운 선배들이 있었지요. 여성 안수를 위해 일구월심日久月深 기도하는 후배들도 있었고요.

여성 안수를 주지 않는 교단들도 곧 있으면 도입할 것 같다는 생각이 들어요. 우리 교단은 여성 안수를 도입한 지 27년이 지났지만, 사실 더 오래된 곳도 많잖아요. 그분들은 우리한테 영향을 주지 않았다고 하더라도, 우리는 암암리에 다 받았어요. 남자분들이

'기장이나 감리회도 여성 목사·장로가 있는데 왜 우리는 없느냐' 고 인식하게 됐기 때문에 결국 통과된 거지요. 그런 이유로 여전도회가 지금까지도 교단이 해 달라는 거 다 하면서 소리 없이 일하고 있는 거예요. 먼저 여성 안수를 도입한 교단에서 여성인 우리들이 일 잘하고 있으면 '그 사람들 보니까 잘하더라'고 말하면서, 다른 교단도 마침내 여성 안수를 통과하게 될지도 모르잖아요.

인터뷰 진행 및 정리: 나수진

09.

여성들의 연대는 더욱 강하고 부드럽다

대한성공회 여성성직자회 회장

민숙희 사제

현재 대한성공회 사제 중 여성은 20명이 채 되지 않는다. 이는 전체 사제의 10%에도 미치지 않는 수치다. 첫 여성 사제 서품 후 21년이 지났지만 그간 여성 성직자가 그리 많이 나오지 않았다. 모든 교단이 인구 자연 감소와 개신교 인구 감소라는 이중고에 맞닥뜨린 상황이기는 하나, 지금 신학대학원에 있는 성직 후보자의 여성 비율도 10%가 되지 않는다는 점은 뭔가 구조적인 문제가 있다는 것을 시사한다.

민숙희(마가렛) 사제(53·대한성공회 광명교회)만큼 여성 사제에 대해 고민한 사람은 아마 많지 않을 것이다. 민 사제는 현재 여성성직자회 회장을 맡고 있기도 하다. 그 또한 여성에게 사제 서품이 주어지지 않았을 때 신학교에 입학했고, 대한성공회 여성 성직 투쟁의 한 부분을 함께했다. 2005년 사제 서품을 받은 후 지금까지 나눔의집(대한성공회 지역사회 선교 기관)과 교회에서 사목을 계속하며, 교회의 성차별적 문화를 바꾸려 노력해 왔다.

민 사제 특유의 거침없는 말투는 사이다를 마시는 것 같은 시원함을 주면서도 묵직한 맛이 있었다. 그는 자신과 동료들, 여성 평신도들이 당했던 교회의 성차별적 현실을 이야기하며, 결국 더 많은 여성 사제·리더가 나와야 한다고 말했다. 그의 이야기 속에서, 왜 여성 사제가 있어야 하는지, 여성 사제가 구체적으로 남성 사제와는 다른 어떤 역할을 할 수 있는지 알 수 있었다.

그런 믿음 없는 소리 하지 마세요

신학교에 입학할 때만 해도 저 또한 여성은 사제가 될 수 없다고 생각했어요. 저희 집이 4대째 성공회 집안이었는데도 여성 사제를 본 적이 없으니까요. 저는 고등학생 때부터 주일학교 교사도 하고 그랬으니까, 나중에 '주일학교 선생님이나 해야지' 이런 정도로 별생각 없이 신학교에 들어갔거든요. 근데 들어가서 보니까, 선배 언니들이 외국에는 여성 주교도 있다고 하는 거예요. 그런 소식을 처음 들었어요. 여자도 사제가 될 수 있다는 사실을 알게 된 거예요.

그 당시 신학과 여자 선배 중에는 성직자의 배우자가 되는 사람이 많았어요. '사모님'이라고 하죠. 저는 사모는 생각도 안 했고, 여자가 성직을 할 수 있다는 이야기를 듣고 '내가 한번 해 봐야겠다'고 바로 마음을 먹었어요.(웃음) 근데 성직 과정을 밟으려면 신학교를 졸업한 후 사목신학연구원에 가야 했는데, 제가 속했던 서울교구에서는 연구원에 입학조차 할 수 없었어요. 그래서 시간을 좀 벌어 봐야겠다 싶어서 강화읍교회 교육전도사로 일하게 됐죠.

그러다 당시 신학교 총장이셨던 이재정 사제님이, 한국교회여성연합회(한교여연)에서 실무자를 뽑는데 거기서 일해 보면 어떻겠느냐고 추천을 해 주셨어요. 처음에는 거절했어요. 강화읍교회에서 재밌게 일하고 있었으니까요. 두 번 거절했는데, 그래도 어른이 계속 그렇게 말씀하시니까 '그래, 그럼 좀 다른 경험도 해 보자'는 마음으로 한교여연에 들어갔죠. 거기서 정말 다양하게 활동하는 여성 목회자들을 봤어요. 사실 그때 성직자가 되는 걸 조금 잊어버리고 살았는데, 한교여연 간사로 일하면서 다시 한번 마음을 굳게 먹은 것 같아요.

저는 지금도 그래요. 여성이 목회자가 됐을 때 남성들이 하는 목회를 그대로 따라 할 필요는 없다고 생각하거든요. 한교여연에서 일하며 가까이서 봤던 여성 목사님들은 주로 여성 인권과 성평등을 위해 일했던 분이 많았어요. 그리고 당시 '미군범죄근절을위한운동본부'라는 게 있었거든요. 한교여연 간사로 거기 연대하면서 인권을 유린당하는 여성들 이야기를 많이 접하게 됐고, 그걸 위해 일하는 여성 목사님들도 봤어요. 그런 모습을 보면서 '나도 이런 목회를 하고 싶다'고 마음먹었죠.

서울교구에서는 사목신학연구원에 입학할 수 없었다고 했잖아요. 그때는 연구원이 정규 대학원도 아니었고, 입학을 위해서는 주교님의 추천서를 받아야 했어요. 서울교구 주교님은 추천서를 써주지 않았던 거죠. 그분 입장도 일리가 있는 게, 여성은 서품을 못 받는데 성직 후보 과정에 추천하는 거 자체가 책임감 없는 행동이라고 생각하셨던 거 같아요.

근데 1997년 사목신학연구원이 정규 대학원이 되니까 주교 추천서가 필요 없어지게 된 거예요. 그래서 일단 신대원 시험을 보고 합격을 했어요. 합격은 했는데 입학을 못 했어요. 교구에서 준비가 안 됐다는 거예요. 공부는 학교에서 하지만 서품은 주교가 주는 건데, 교구에서는 여학생이 입학한다는 사실도 몰랐고 여성 성직에 대해 논의도 없었다는 거죠. 그러면서 갑자기 여학생을 받으면 어떡하냐고 학교에 따졌다고 하더라고요. 이재정 사제님이 말씀하시기를, 미안하지만 내년에 다시 시험을 보라고 해서 1년을 쉬었다가 다시 시험을 봤죠. 그래서 1998년에 저까지 여학생 3명이 입학하게 됐어요.

그때 성직자 선배들이 저한테 "야, 앞으로 100년 동안 우리나라에서 여성 사제는 안 돼" 그러시더라고요. 그래서 제가 그런 믿음 없는 소리 하지 마시라고, 내가 10년 안에 사제 서품 받는 모습을 보여 드리겠다고 했죠. 실제로는 10년 안 걸렸죠. 왜냐면 그전부터 이미 여성 성직을 허용하라는 운동이 계속되고 있었거든요. 대한성공회 전국 의회가 2년에 한 번씩 있는데요. 거기에 여성들이 여성 성직과 관련한 안건을 올렸어요. 계속 부결됐지만.

제가 신대원 입학한 해에 여성 성직을 위한 서명운동을 벌였어요. 그때는 1년에 한 번씩 성소 주일에 성공회대학교에 모여서 예배를 드렸거든요. 교회마다 바자회도 해서 수익금을 학교에 헌금하기도 하고. 성공회 교인들이 한 장소에 가장 많이 모이는 날이에요. 그때 저희는 '300명만 받아도 어디냐'면서 시작했어요. 근데 자꾸 서명 용지가 모자라는 거예요. 계속 복사해 와서 1000명 넘게 서명을 받았어요. 그 인원이면 아마 그날 오신 분 대부분이 서명을 하신 걸 거예요. 그렇게 해 주실 줄 몰랐어요. 너무 기뻤죠.

물론 그날 지나가면서 "내 눈에 흙이 들어가기 전까지 여자 신부는 안 돼"라고 소리 지르는 분도 있었고, "여자는 부제까지만 해도 되지 않겠어" 이러면서 가시는 분들도 있었어요. 하지만 덕담을 해 주시는 분이 더 많았어요. 제가 "저는 여기 신학대학원생 민숙희입니다. 서명 좀 해 주시겠습니까" 하면, 교인들이 서명해 주시면서 "꼭 신부님 되세요", "우리도 이제 여성 사제 생겨야죠" 이렇게 말씀하셨어요. 현장에서 확실히 느꼈어요. 교인들은 원하고 있구나. 굉장히 고무적이었어요.

그다음 해 전국 의회 때 그 1000명이 넘게 서명한 용지를 같이 첨부해서 여성 성직 수용안이 올라갔죠. 서명이 큰 역할을 했어요. '이만큼 사람들이 원하고 있는데 뭐 자꾸 책상에서 고민만 하느냐. 이게 그 증거물이다' 하면서 들이민 거죠. 그렇게 여성 성직이 통과됐습니다.

끊임없이 나를 증명해야 했던 시간들

우리 성공회에서 여성 사제에 대한 차별이 있다고 말하면 아마 '우리가 언제 불공평하게 했다고 그래. 다른 교단보다 훨씬 평등해'라고 생각하는 남성 사제가 많을 거예요. 기본적으로 성공회는 모든 성직자에게 발령을 내 주기는 하니까요. 자기가 알아서 개척하고 그런 시스템은 아니니까. 일단 발령을 받으면 어디라도 가거든요.

그런데 기본적으로 우리 성공회뿐만 아니라 한국교회 문화 자체가 남성 중심이잖아요. 그런 환경에서 발령 내 준다고 여성 사제가 사목하는 게 쉬운 건 아니거든요. 가령, 평등이라는 말을 잘못 이해하는 분들이 있어요. 남성이 돌 10개를 옮기면 여성도 돌 10개를 옮겨야 평등이라고 생각해요. 여성은 물리적으로 힘이 약하거든요. 근데 무조건 모든 부분에서 여성도 남성과 똑같이 하는 게 평등이라고 생각하는 분들이 있어요.

또 교회 안에서 남성은 뭘 많이 하지 않아도 기본적으로 먹고 들어가는 권위가 있어요. 근데 여성 성직자들은 끊임없이 자기를 증명해야 돼. '나는 이만큼 잘할 수 있습니다', '나는 이걸 잘 했었습니다', '나는 이것을 할 수 있습니다'라는 거를 계속 증명해야 하니까 너무 피곤하죠. 지쳐요. 마음의 상처가 많아집니다. 실제로 마음의 상처로 병을 얻은 분들도 계시고요. 저도 한동안 치료를 받을 정도로 힘들었던 경험이 있어요.

제 경험을 이야기하자면, 저는 한 번도 '어서 오세요'라고 환영받으면서 간 적이 없어요. 교회든지 나눔의집이든지. 한번은 조금 규모가 있는 나눔의집 원장사제로 가게 됐는데, 거기서 반대를 하는 거예요. 교인들이 "우리는 저 사람 말고 이 사람을 원합니다"라고 하는데, "여성 말고 남성이요"라고 말하지는 않았지만 누가 봐도 남성 사제를 원장으로 모시고 싶다는 거였어요. 어떡하나 고민했죠. 근데 이번에 교인들 반대로 안 간다고 해도, 다음 파송된 곳에서 저를 환영해 준다는 보장이 없는 거예요. 그래서 그냥 갔어요.

가면 또 금방 익숙해져요. 물론 잘하려고 노력했죠. 10개를 할 수 있는데 12개까지 하면서 무리를 하기는 했습니다. 그랬더니 교인들도 원장사제가 여성이라서 뭘 특별히 못한다는 의식은 갖지 않더라고요.

나눔의집 사역을 오래 하다 보니 일반 교회에 가 보고 싶었어요. 도시보다는 시골을 가고 싶었죠. 그래서 강화에 있는 송산교회 관할사제로 갔어요. 민통선에 있는 작은 교회예요. 교인들은 거의 다 노인이었고요. 강화에서도 성직자에게 잘해 주기로 유명한 교회였죠. 저한테 아주 안전한 교회였어요.

너무 신나고 재밌게 5년을 목회하고 옮기게 됐는데, 마지막에 원로 회장님이신 할아버지가 나와서 말씀하시는 거예요. 처음에는 제가 온다고 해서, 즉 여성 사제가 온다고 해서 "이제 우리 교회가 여자나 오는 교회가 됐구나"라고 남자 교인들이 한탄을 했다는 거예요. 그래도 그건 입 밖으로 내면 안 되는 말이라 생각하셔서 저한테도 말을 안 하신 거예요. 저는 전혀 모르고 있다가 떠나는 날 들은 거죠. 그러면서 "여기 왔던 어떤 남자 신부님들보다 훨씬 잘하셨다"고 칭찬을 하시는데, 저는 '헉 그랬던 거야?' 했어요.(웃음)

지금 있는 광명교회에 올 때도 말이 많았어요. 여기는 송산교회처럼 시골에 있는 작은 교회가 아니고, 성공회 안에서는 중간 정도 되는 규모의 교회다 보니까, 여기서도 나름 자신들이 원하는 신부님을 받고 싶은 마음이 있었겠죠. 근데 이제 민숙희가 여기로 온다는 소문이 돌자 리더들이 모여서 투표를 합니다. 다다음 주가

부임일인데 투표를 한 거예요. 성공회에서는 총사제가 있는데, 장로교단으로 말하자면 시찰장 같은 분이거든요. 서부 지역 총사제가 교인들을 설득하려고 직접 오셨는데, 몇몇 반대하는 분의 의견을 꺾을 수가 없는 거예요. 그래서 결국 투표에 부치게 됐어요. 의견이 모아지지를 않으니까.

초대위원회 9명이 투표를 했는데, 찬성 4, 반대 4, 기권 1, 이렇게 나왔어요. 나중에 반대하셨던 분들 이야기를 들어 보니까, 두 분은 원래 반대였고 다른 두 분은 이런 상태에서 제가 오면 너무 고생하겠다고 생각하셔서 반대표를 던졌대요. 그런데 어쨌든 기권 1표 덕분에, 덕분이라고 해야 할까? 아무튼 주교님이 결과를 보시고는 그냥 가라고 하시더라고요. 발령을 그냥 내 버리셨죠. 그래서 처음 1년 동안은 마음고생을 많이 했어요. 반대했던 한 분은 아예 교회를 떠났고. 제가 반대를 무릅쓰고 온 사람이니까 교회위원들은 또 걱정을 하는 거예요, 제가 뭐 하나라도 교인들 눈 밖에 날까 봐.

자유롭지가 않았어요. 진짜 한껏 제 사목관을 펼치고 싶은데, 하려고 하면 교회위원들이 반대를 해 버리니까… 마음이 힘들었어요. 근데 생각해 보면 그분들도 내가 싫어서 그런 게 아니라, 교회를 잘 운영하고 싶으니까 그렇게 하셨던 거겠죠. 근데 교회위원들 말고 그냥 신앙생활 하시는 분들, 특히 여성분들이 저를 지지해 주셨어요. "아무 걱정하지 마시라", "사제님 지금 너무 잘하고 계신다"고. 물론 뭐 내가 잘하는 건 알고 있었지만(웃음), 그렇게 말씀해 주시니까 기운이 나더라고요. 그러면서 교회위원회와도 손발을 맞춰 나가고, 빛도 없이 이름도 없이 봉사하시는 분들을 많이 세우고 하면서 교회가 좀 더 활발해졌죠. 지금은 되게 즐겁게 사목하고 있어요.

지지받지 못한 결혼, 포기해야 했던 출산

지금 여성 사제 중 결혼한 분하고 결혼 안 한 분이 반반 정도 되는 것 같아요. 결혼하고 싶은데 못하는 경우도 있죠. 이런 거예요. 우리 신랑도 한번 도망갔었거든요.(웃음) 자기는 여성 성직자의 남편이 될 마음의 준비가 안 돼 있다는 이유였어요. 그래서 놔 드렸죠. 어떻게 해요. 뭐 못생겼다고 하면 수술이라도 할 수 있고, 성격이 더럽다고 하면 좀 고칠 수도 있을 텐데, 이 길은 하느님과의 약속이기 때문에 어쩔 수가 없으니까 저도 그냥 '안녕' 이렇게 보냈죠.

아무튼 다시 붙잡혀 왔는데(웃음) 나중에야 '이 사람이 왜 그때 자신이 없다고 했을까, 우리 둘 사이는 문제가 없었는데' 생각해 보니, 자기가 다닌 교회에서 본 거예요. 목사의 배우자를 본 거죠. 여성 배우자, 사모였겠죠. 교회 안에서 입도 못 열고 자유롭지 못한 모습을 본 거 같아요. 또 가끔 언론에서 사모에 관한 기사들을 보면, 어이없고 한심하고 '아직까지도 이렇다니' 하는 수준이잖아요. 그러니까 제 남편도 자기는 그렇게 살지 못하겠다고 생각했던 거 같아요.

여성 성직자의 배우자가 되는 남성 성직자들, 남성 평신도들도 그런 모습을 떠올리는 거예요. '이제 교회에서 뒤치다꺼리나 하게 생겼구나', 또는 '교회에서 나는 그냥 바보처럼 조용히 지내야 하는 건가' 이런 고민을 하게 되죠. 그러니까 결혼하고 싶은 사람이 생겨도, 결국 결혼으로 이어지지 않는 경우가 많아요.

저는 사제 서품 받은 2005년에 결혼을 했어요. 제가 결혼할 때 보좌사제였는데, 교인들이 축하한다는 말을 잘 안 하시더라고요. 교인들 입장에서는 이 교회에서 처음으로 여성 사제를 봤는데, 그 여성 사제가 결혼을 한다니까 난처했나 봐요. 물론 청년들은 축하해 줬지만, 나이가 좀 있는 그룹에서는 '이건 아니지'라는 반응이 었어요. "그냥 처녀로 있으면 더 빛이 날 텐데 왜 결혼을 하냐"부터 "애 낳으면 애기는 누가 봐줄 거냐" 등등 별의별 말을 다 들었어요. "배불러 가지고 제단에 올라오는 꼴은 못 본다"는 말을 서슴지 않고 하는 분도 있었죠.

싫은 거야. 겪어 보지 않았으니까. 지금까지 여성 사제가 사목하면서 아기를 낳고 키우는 걸 보지 못했으니까. 당시 저는 교회에서 굉장히 잘하고 인정받고 있다고 생각했는데, 같이 멤버십을 가지고 활동했던 평신도분들이 그런 반응을 보이니까… '아니 여기서도 이런데 다른 데 가면 어떻게 생각할까' 겁이 나더라고요.

그때 저는 갓 사제 서품을 받고 난 후여서 너무너무 훌륭한 성직자가 되고 싶었어요. 지금은 그럴 수 없다는 걸 아니까 그런 생각 안 하지만. 그때는 '나는 뭐든지 잘해야 한다. 앞으로 후배들을 위해서라도 내가 잘한다는 칭찬을 들어야 한다' 이런 강박이 있었거든요. 정작 "여성 사제가 배불러서 제대에 서는 꼴 못 본다"고 말했던 사람은 그렇게 말한 것도 잊어버렸대요. 근데 저는 거기 걸려 넘어진 거예요. '아이는 포기하고 그 시간에 난 목회를 더 열심히 해야겠다' 그렇게 스스로 생각한 거죠. 지금 생각하면 아이를 낳았어도 목회 잘했을 텐데….

후배 여성 사제들 중에는 아이를 낳은 사람도 있어요. 그런 후배들을 보면서 누군가는 "사목하면서 어떻게 키우려고 애기를 낳냐" 이래요. 근데 저같이 비출산인 사람은 또 "무슨 대단한 목회한다고 애도 안 낳냐"는 말을 들었거든요. 대체 남의 자궁에 왜 이리 관심이 많은지… 여성 사제들은 뭘 해도 그냥 입방아에 오르게 되는 것 같아요. 그리고 제가 유기 동물들을 키우다 보니까 "아니 애나 낳지, 무슨 동물들을 데려다 키우냐" 그런 말도 들었어요. 동물들은 애가 없어서 키우는 게 아니거든요. 단순하게 생각하는 사람들은 '애가 없으니까 허전하고 뭐 대리 만족을 위해 동물을 키우나 보다' 생각하는 것 같아요.

요즘에는 성직자 부부들 중 아이가 없는 사람이 많아요. 노력했는데 안 생기는 경우도 있고, 원래부터 아이를 가지지 않기로 한 경우도 있겠죠. 남성 사제에게는 그런 관심을 갖지 않잖아요. 근데 여성 사제에게는 꼭 그런 옛날 말 있죠. "뭐 좋은 소식 없어?" 이런 식으로 자꾸 간섭하려 해요. 저도 젊었을 때 성직자 모임에서 그런 경험을 한 적이 있어요. 요즘에는 정말 하면 안 되는 말인데, 한 고참 사제가 저에게 "애는 안 낳는 거야, 못 낳는 거야?" 묻더라고요. 그분은 농담으로 던진 말이에요. 제가 "당신 같은 사람 때문에 내가 애를 못 낳는다"고 받아쳤다가 굉장히 혼났어요.(웃음)

먼저 지도자가 바뀌어야 하는데

아직도 여성 안수를 도입하지 않은 교단은 뭔가 변하기가 쉽지 않을 것 같아요. 그런 교단에서는 여성의 지위나 리더십 자체를 무시하고 인정하지 않는 남성 목사들이 그런 마인드를 가지고 목회하니까요. 그런 설교를 계속 듣는 사람들은 다 세뇌가 되지 않겠습니까? 정말 혁명적인 사람이 아니고서야, 교회에서 우리 목사님이 하시는 말씀은 다 옳고 좋은 것이라고 생각하겠죠. '여성은 집사·권사 하면 됐지, 뭘 장로·목사까지 하려고 하느냐', '하나님께서 이미 충분히 좋은 직분을 주시지 않았느냐'라고요.

저는 다른 교단 직제를 잘 모르니까 한번은 권사가 뭐하는 직분인가 찾아보려고 인터넷에 '권사'를 검색해 봤어요. 권사 임직식을 할 때 목사가 앞치마를 걸어 주는 이미지가 있더라고요. 그걸 보면서 '권사는 앞치마를 두르는 사람인가', '더 빡세게 주방에서 부려 먹으려고 권사를 주는 건가', '이게 도대체 뭔가' 싶었어요. 그런 건 아닐 거잖아요. 그 직분의 본래 의미가 있을 텐데, 어떤 교회에서는 여성 집사·권사는 앞치마를 두르는 것이라고 생각하는 거예요. 남자가 임직할 때 앞치마 둘러 줄까요? 그렇지 않다고요.

목사가 좀 바뀌어야 할 텐데, 그러기는 너무 어려울 것 같아요. 지금까지 여성 안수를 도입하지 않은 교단이 바뀌는 건 힘들지 않을까 생각합니다. 다행히도 그런 교단에는 젊은 여성이 많이 가지 않는다는 말을 들었어요. 그렇게 자연스럽게 소멸되지 않을까….

목사들이 바뀌지 않는 게 정치인들과 똑같은 거 같아요. 지금 보세요. 옛날에 386이 586이 됐잖아요. 그들에게 386 시대의 진보적인 정신이 있어요? 없어요. 그냥 꼰대가 돼 버렸거든요. 그러면서 오히려 그때 정신을 자기 정당화하는 데 끌어다 씁니다. '내가 옛날에 민주화 운동 한 사람이야', '나는 그런 일반적인 꼰대가 아니라고' 이러면서 자기를 정당화하거든요.

저는 목회자들도 마찬가지라고 생각해요. 지금 같은 시대에 여성주의에 관심 없는 교회는 사라질 수밖에 없어요. 그럼 여성주의를 공부해야죠. 옛날에 민주화 운동 한 거는 옛날에 끝난 거예요. 왜 1980년대 얘기를 2020년대에 하냐고요. '지금의 진보는 무엇일까' 고민해야 하고, 거기에는 당연히 페미니즘이 들어갑니다. 그리고 예전에는 남자와 여자만 고려됐지만, 지금은 제3의 성도 고려해야 한단 말이죠. 그럼 그것에 대해서도 그냥 "귀동냥으로 들었소" 하지 말고 공부해야 해요.

맨날 "교회들이 없어지네", "한국교회가 위기네" 이런 말만 할

게 아니고, 교회를 찾는 사람들이 들어올 수 있도록 적극적으로 문턱을 낮춰야 하거든요. 교회가 성평등하다는 것, 교회에 성 정의가 있다는 것을 외부 사람들이 인식하지 않으면 교회는 그냥 없어지는 거예요. 지금 활동하는 사람들이 나이가 들어서 없어지면 그냥 같이 사라지는 겁니다. 그래서 저는 하느님을 필요로 하고 교회를 필요로 하는 사람들을 위해 먼저 성직자들이 바뀌어야 한다고 말하는 거예요.

이건 다른 교단뿐 아니라 성공회도 많이 부족하다고 생각해요. 그냥 알고 있는 것, '나는 진보적인 사람이기 때문에 페미니즘을 지지해' 혹은 '성소수자를 지지해' 그런 거는 정말 지식의 향유일 뿐이라고 생각하거든요. 정말 진심으로 지지하고 진심으로 다가가지 않는다면 그거는 가짜죠. 그냥 지식으로만 알고 있는 것은 또 하나의 율법에 불과한 것이라고 봐요.

저는 그래서 성직자들이 참 중요하다고 생각하는 거예요. 저는 강화도 송산교회에 있을 때 교인 대부분이 70~80대 할아버지·할머니인데도, 성소수자, 비정규직 노동자, 여성주의에 대해서 끊임없이 얘기했어요. 일부러 말하려고 한 게 아니라 설교 본문에 그렇게 말할 수밖에 없는 내용이 너무나 많았거든요.

예수님이야말로 틀이 없고 경계가 없는 분이었잖아요. 그런데 성직자들이 신학을 공부한다면서 율법주의자가 되어 버린 거예요. 사회적 약자를 위해 뭔가 하자고 하면 "신학적으로 맞는 거야?" 이렇게 묻습니다. "안식일에 벼 이삭을 따 먹으면 되겠어?"

이거랑 다르지 않는 말이라고 생각해요. 자꾸 신학을 들이밀면서 거기 맞추려고 하니까 사랑이 사그라드는 거죠. 아니, 동성애가 신학적으로 맞는지 안 맞는지가 뭐가 중요해요. '하느님이라면 어떻게 하셨을까', '예수님이라면 어떻게 하셨을까' 이런 질문이 더 우선돼야 하는 거죠.

저는 지금 교회에서도 그런 설교를 많이 하거든요. 어떤 연세 드신 분은 못마땅하셨는지 "우리 사제님은 나눔의집 사목이 딱 맞는 것 같아요" 이렇게 말씀하세요. 그러면 저는 "무슨 말씀이세요. 저는 광명교회가 딱이에요" 이렇게 말하죠.(웃음) 대체로 여성분은 좋아하세요. 이런 설교가 필요하다고 말씀해 주시기도 하고요. 불편한 분들도 당연히 있겠죠. 그러나 들어야 합니다. 안 들으면 모르잖아요. 자꾸 들어야 성소수자도 우리가 함께 신앙생활 해야 하는 형제자매라고 받아들일 수 있거든요. 비정규직 노동자들이 그저 공부 안 하고 가난해서 그렇게 사는 게 아니라, 이 사회구조가 불의하기 때문이라는 걸 알아야 하거든요. 그러니까 먼저 목회자가 바뀌어야 한다는 거죠.

중요한 건 교회 문화를 바꾸는 일

교회 안에 여성의 성 역할이 고정돼 있는 모습이 굉장히 여러 가지잖아요. 일례로 수년 전 우리 성공회 여성국이 주최한 여성 리더십 워크숍에서 이런 말이 나왔어요. '교회에서 제일 하고 싶은 게 무엇이냐'고 물었을 때, 여성들은 선교, 교육, 기도 모임을 하고 싶다고 답했어요. 얼마나 소박해요. 다음 질문은 '그러면 여러분이 실제로 교회에서 하고 있는 일은 무엇이냐'였는데, 대부분 애찬, 환경 미화 등 사목의 보조적인 역할이라고 답했어요.

지금 여성 사제가 관할로 있는 교회들을 보면 여성을 보조적인 역할로만 두지 않습니다. 여성들에게 리더 자리를 주고 역할을 하게 해요. 다 능력이 있거든요. 저 역시도 이 교회에 처음 왔을 때, 여성들은 교회위원으로 뽑힌 분들조차 보조적인 역할을 하고 있더라고요. 주로 밥하기, 환경 미화, 꽃꽂이 이런 것들은 여성이 하고, 물론 남성들도 건물 수리 같은 것을 하지만 주로 의사를 결정하는 역할을 맡고 있었어요. 수련회 가서도 여성들은 음식 하느라 바쁜 거야. 교육받고 말씀 들으러 온 건데…. 그런 걸 많이 바꿨어요. 제가 좀 우악스럽게 보일 정도로 강하게 푸시를 했어요. 애찬 문제를 봐도, 그래 남자들이 요리 못할 수 있어, 그러면 설거지라도 할 수 있잖아요. 자기가 설거지를 안 하면요, 설거지가 얼마나 힘든지 모릅니다.

여성 사제들이 사목할 때는 그 공간에 속한 평신도 여성들의 지위도 달라진다는 겁니다. 그러면서 공동체 문화가 바뀌어요. 이제는 누구한테, 자기 부인한테라도 함부로 "물 좀 떠다 줘" 이런 거 못 합니다. 그렇게 말하면 굉장히 후진 인간이라는 걸 제가 수차례 얘기했기 때문이죠. 그런 말은 병상에 누워 있는 아픈 분들이

나 컵을 들고 다닐 수 없는 아이들이나 하는 말이라고 강조하니까 어쩔 수 없는 거예요. 교회 오면 자기가 움직일 수밖에 없죠. 어머니들이 "민 사제님이 오시고 교회가 굉장히 바뀌었다"는 말을 많이 하세요.

여성들이 사회적 약자잖아요. 그러다 보니까 다른 약자를 대접할 줄 압니다. 우리 교회에 이주 노동자도 오시고 가난하고 혼자 사시는 할머니도 오시는데, 사실 그런 분들이 교회에 오기 쉽지 않아요. 교회 문턱이 의외로 높습니다. 그분들을 만나 이런저런 이야기를 하면서 교회에 오고 싶다는 마음이 들게 하려고 노력하는데요. 만약 우리 교회 문화가 고루하다면 전 그분들한테 교회에 오라고 말 못 했을 거예요. 저는 우리 교회가 이제 사회적 약자도 받아들일 수 있는 교회가 됐다고 판단한 거죠. 물론 남성 성직자들도 약자를 받아들일 수 있는 문화를 조성할 수 있겠지만, 그런 문화는 주로 여성 평신도들이 만들어 주더라고요. 그런 면에서 문턱을 낮추는 교회를 만드는 데는 여성 성직자의 사목이 중요하다고 생각합니다.

여성 성직자들이 기억해야 할 것이 있어요. 선배 때부터 지난하게 싸워 왔던 과정들, 그 귀한 역사가 우리에게 양분이 된 거예요. 그 양분을 먹고 자랐으면 이제는 나도 그 에너지를 갖고 일해야 하는 거거든요. 물론 현장은 늘 바쁘고 정신 없지만. 우리가 무엇을 바라보고 갈 것인가, 흔히 '성공'이라고 이야기하는 큰 교회, 많은 성도, 많은 돈, 이런 건 우리 방향이 아니잖아요. 그게 아니라

예수님이 사역했던 그 지점, 약자들을 받아들이고 그들과 친구가 되는 것. 여성들도 약자니까 다른 약자들과 친구가 되기 쉽지 않겠어요? 약자의 편에 서고 약자들의 교회를 만들 수 있는 것은 여성 성직자들이라고 생각합니다.

여성들의 연대는 더욱 강하고 부드럽습니다. 서로 경쟁하는 구도가 아니고, 어떻게 하면 우리가 조금 더 교회를 교회답게 할 수 있을까 고민하며 연대하기 때문이에요. 뭔가 더 큰 것을 얻기 위해 연대하는 어떤 부류와는 다르죠. 저는 그 옛날 선배들의 고생을 헛되게 하지 않으려면, 우리 여성 성직자들이 그분들 뒤를 이어 정말 하느님의 교회다운 교회, 예수님이 살아 계신 교회, 그리고 모두가 예수님 안에서 평등한 교회를 만드는 데 쓰임받아야 한다고 생각합니다.

인터뷰 진행: 유유히유영

정리: 구권효

10.
여성 성직자에 대한 제도적 지원, 역차별 아닌 '성숙'의 길

대한성공회 첫 여성 성직 고시 응시자
유명희 사제

유명희(테레사) 사제(63)는 대한성공회가 여성에게 성직을 주지 않던 1983년 천신신학교(현 성공회대학교)에 입학했다. 그는 학교에 다니면서 만난 여성들과 함께 '성공회젊은여성모임'을 만들어 활동했다. 1987년에는 이 모임 회장을 맡기도 했다. 성공회젊은여성모임이 발행했던 소식지 〈우물가〉는 모임 취지를 다음과 같이 설명한다.

> 젊은여성모임이란? 나이에 구속받지 않고, 자신의 할 일을 찾아 주체적으로 사는 여성이, 여성을 억압하는 비민주적 사회제도를 변화시키고, 스스로를 구속하는 길들여진 사고에서 벗어나, 자유롭고 완전한 인간화를 추구하는 모임입니다. [『우리들의 사제』(성공회출판사), 80쪽]

1980년대 불붙었던 여성 인권에 대한 그의 의식은, 성직 후보자 과정이었던 사목신학연구원(현 성공회대학교 신학대학원) 졸업 후 여러 교회를 거치며 현실적인 장벽을 만나면서 한풀 꺾였다. 홀로 외로움을 감당하며 상황을 관망할 수밖에 없었다. 하지만 그는 척박한 환경에서도 버텼고, 결국 부제 고시 응시 후 15년 만에 사제 서품을 받게 되면서 대한성공회 여성 성직 역사의 한 부분이 되었다. 은퇴가 얼마 남지 않은 그의 이야기는 여성 성직이 도입되기 전후로 여성 사목자에 대한 인식이 과연 얼마나 변했는지 돌아보게 해 준다.

여성은 '청강생' 신분이던 시절

제가 고등학교 졸업하고 2년 후 체신부(우편·전기통신·전파관리 등에 관한 사무를 관장하던 중앙행정기관 - 편집자 주) 공무원으로 전화국에 다녔어요. 한 4년 일하고 25살 되던 해에 '여기를 계속 다녀야 하나'라는 생각이 들더라고요. 삶의 의미를 생각하게 되면서 '사람은 어떻게 살아야 하는 걸까. 사람은 자기가 좋아하는 일을 하면서 살아야 한다. 그럼 내가 좋아하는 일이 뭘까' 이렇게 생각이 이어지다 보니, 제가 교회에 있는 걸 굉장히 좋아한다는 사실을 알게 됐어요. '교회에서 하느님 일을 한다면 평생을 해도 싫지 않을 것 같다'고 확신이 강하게 왔어요. 그때는 여성이 사제가 될 수 있다 없다 하는 생각보다는, 일단 신학교를 가면 어떤 길이 열리지 않을까 생각했어요.

'꼭 여성 사제가 되겠다'는 마음으로 입학한 건 아니었지만, 학부 때부터 여성 문제에 관심이 많았어요. 수련회 같은 거 하면 우리 팀에서는 '여성 사제'를 주제로 꽁트를 짜고, 대동제 같은 축제에서 성공회 여성사를 주제로 극을 만들어서 공연한 적도 있어요. 학부 졸업할 때도 여성을 주제로 논문을 썼죠. '왜 성공회에는 여성 리더십이 미약할까' 계속 관심 있게 봤어요. 저는 여성 선배가 없으니까 당시 여신학자협의회나, 교회여성연합, 기독교 단체는 아니지만 여성평우회 같은 데도 좇아다니면서 보고 듣고 배웠어요.

과거 전도부인으로 활동하셨던 분들을 직접 찾아가기도 했죠.

1930년대에 성공회 전도부인들 활동이 활발했거든요. 그런데 1940년에 일제가 외국인 선교사들을 다 추방했어요. 어느 날 갑자기 신부님들이 다 추방되니까 그 자리를 한국 신부님들이 메웠죠. 그때 전도부인들에 대한 대처가 아무것도 없이 그냥 멈춰 버린 거예요. 당시 활동하셨던 한 분을 만난 적이 있어요. 그분은 아마 그때 선교사들이 추방된 것도 모르시지 않았나 싶어요. 그저 하느님께서 자기를 종으로 부르셨으니, 교회에서 인정하든 말든 계속 전도 활동을 하신 거예요. 그 모습이 저에게는 굉장히 감동이었고 한편으로는 충격으로 다가왔어요.

여성들은 여전히 열망·열정이 있었는데, 제도가 마련되어 있지 않으니까 전도부인의 명맥이 끊겨 버린 거예요. '이분들에게 아무도 관심을 갖지 않았구나', '어떻게 이들을 이렇게 무책임하게 팽개치듯이 대했을까', '이래서 제도가 있어야 하는구나' 그런 생각을 강하게 했던 것 같아요. 그때부터 대한성공회에 여성 리더가 부재한 것은 그저 그러한 제도가 없기 때문이라고 생각하게 됐죠.

제가 1986년에 학부를 졸업했는데, 졸업 전 가을에 4학년 여학생 5명이 상당히 난감해했던 기억이 나요. 남학생들은 자연스럽게 사목신학연구원으로 가는 거니까 별생각이 없었는데, 여학생들은 '우리는 이제 어떻게 되는 건가' 고민이 많았어요. 당시 교수님께서 "너라도 연구원에 들어가는 게 좋지 않겠느냐"고 하셨어요. 그런데 당시 여자가 연구원에 들어갈 수 있는 방법은 '청강생'으로 가는 것뿐이었어요. 원래 들어가려면 시험을 봐야 하고 시험을 보기 위해서는 주교님 추천서가 있어야 하는데, 저는 추천서를 받지 못하니까요. 입학금도 내지 않은 상태에서 교수님이 "일단 들어가 봐라" 하셔서 그냥 가게 된 거예요.

1987년 3월 첫 등교 날, 학교를 향해서 가던 그 기억이 지금도 생생해요. 늘 가던 길이고 으레 들어가는 교문·강의실인데, 어디에서도 저에게 자격을 주지 않은 상태였으니까 '내가 여기 가도 될까', '도로 집에 갈까' 마음속에 갈등·번민이 계속됐어요. 그런 상황에서 강의실 문을 딱 열었는데, 남학생들이 일제히 저를 쳐다보고 침묵했던, 모든 게 멈춘 것 같았던 그때가 생각나요. 그때 남학생이 23명이었을 거예요. 얼른 앞에 있는 자리 아무 데나 가서 앉았는데, 모두 다 내 뒤통수를 보고 있는 것 같은 느낌이 들었어요. 그렇게 1년을 청강생으로 다녔죠. 다행히 2학년 때는 추천도 받고 시험도 보게 됐어요.

앞날이 불투명했지만 그 당시 외국 성공회에서는 여성 사제에 대한 소식이 계속 들려왔어요. 성공회에는 '람베스회의'라고 전 세계 주교님들이 10년에 한 번씩 하는 회의가 있어요. 세계적으로 중요한 이슈들을 가지고 토론하고 결론도 내리는 회의인데요. 1968년 람베스회의에서 여성 부제를, 1978년에 여성 사제를, 1988년에 여성 주교를 인정하는 결정을 했어요. 제가 학교 다닐 때 계속 이런 소식을 들었죠. 가끔 해외 여성 성직자들이 오기도 하고요. 그래서 '뭔가 가능성이 있겠구나'라는 생각도 하게 됐죠.

첫 여성 부제 고시 응시, 결과는?

입학할 때는 좀 그랬지만, 다닐 때는 사실 뭐 차별이나 이런 걸 경험하지는 않았어요. 그래도 성공회가 좀 열려 있는 편이니까 남학생들도 뭐라고 하지는 않았죠. 근데 1989년 초 졸업하고 나니까 성직 고시부터 해서 계속 부딪히고 막혀 있는 상황을 맞닥뜨리게 됐어요. 동기들과 함께 부제 고시를 보기는 했는데, 저는 합격인지 불합격인지조차 이야기해 주지 않더라고요. 판정이 보류된 거예요. 동기들은 부제 서품도 받고 이후 사제 서품도 받았죠. 지금 성공회대학교 김기석 총장, 대한성공회 교무원장을 지낸 유시경 신부가 제 동기예요. 하지만 저는 당시 보류 상태로 아무런 조치 없이 그냥 있었어요.

졸업 후 부산교구에서 간사로 몇 달 일하다가, 좀 더 근본적인 무언가 필요하겠다 싶어서 다 접고 집으로 돌아갔어요. 1990년부터는 기도 생활을 좀 했어요. 신학교 들어갈 때도 제 모든 걸 다 드린다는 마음으로 갔으니까, 제 앞날에 대해서도 인도해 주시는 대로 가겠다고 했죠. 기도에 대한 세미나도 가 보고 상담도 받고 하면서 몇 달 지내다가, 다시 교회로 가는 게 좋을 것 같다는 응답을 받았어요. 그래서 강원도 태백에 있는, 탄광 선교를 하다가 당시는 활동하지 않던 교회로 가게 됐어요. 거기서 한 2년 지내고, 대전대성당에서도 1년쯤 지내고, 충주교회에서도 2년 정도 있었어요.

그렇게 5년을 사역하면서 돌아다녔는데, 교구에서는 한 번도 정식으로 발령을 내 주지 않았어요. '전도사'라고 불리기는 하고 급여도 조금 받았지만, 공식적으로 교구에서 파송된 성직자는 아니었던 거죠. 사제도 없는 시골 교회에서 사역하는데 제도적으로 뒷받침이 안 돼 있으니… 뭔가 안전한 신분보장이랄까, 사역에 힘을 받쳐 주는 부분이 부족했어요. 그러다 보니 늘 혼자 고립되어 있는 느낌을 받았어요. 심리적으로도 굉장히 위축됐고요. 결국 교회 사역을 그만두고 예수원에 들어가서 몇 년 지내게 됐죠.

대한성공회에서는 1990년대에 여성 성직을 위한 움직임이 많이 생겼어요. 실질적·적극적 활동으로 교회 내 의사 결정 구조에 여성이 참여하는 제도를 이뤄 낸 시간이죠. 근데 저는 좀 달랐어요. 1980년대에는 여성 인권에 관심이 많고 치열하게 고민했는데, 오히려 1990년대에는 지방 여러 교회를 돌기도 했고 예수원에 있으면서… 조금 관망했다고 해야 하나? 그런 상태였던 것 같아요. 가끔 여성 성직을 위해 같이 활동하자는 연락을 받기는 했는데, 제 신분이 발령도 내 주지 않은 상태였기 때문에 "이런 활동을 하러 좀 나갔다 오겠다"고 할 수도 없었고요. 계속 저 혼자 있는 것처럼 느껴져서 많이 위축된 상태였죠.

그러다 1997년, 교구에서 부제 고시 결과를 합격으로 인정한다는 소식을 들었어요. 시험 친 지 8년 만에 합격 통보를 받은 거예요. 마음 한편에 늘 아쉬움이 있었는데 '그래도 인정을 받았구나', '뭔가 마무리가 됐구나' 싶은 마음에 기쁘기도 했죠. 근데 그때는 제가 예수원에 있었던 시절이라 바로 부제 서품을 받으려고 하지는 않았어요. 몇 년 후 다시 교회로 돌아가라는 응답을 받고 부제 서품을 받으려 했는데, 그땐 또 '성직 후보자가 아니다'라는 등의 이유로 주지 않더라고요. 2002년 예수원을 나와 부산교구 상주교회로 사역을 가게 되면서 부제 서품을 받을 수 있었어요. 이듬해 서품식을 상주교회에서 했는데 가족과 동기들이 그 먼 곳까지 와 축하해 줘서 참 좋았죠.

그 1년 뒤 사제 서품을 받았어요. 사제로서 미사를 집전할 수 있는 권한이 생긴 건 참 기쁜 일이었죠. 부제였을 때는 사제에게 성체를 가져가서 축성을 받아 와야 해요. 보혈은 없이 면병만 나눌 수 있죠. 미사도 집전할 수 있기는 한데 몇 가지 할 수 없는 것이 있어요. 사제 서품을 받고 나서는 매일 아침마다 혼자 미사를 드렸어요. 원래 성공회는 회중과 함께해야 하기 때문에 혼자 미사를 드릴 수 없는데, 그때 교회 상황이 워낙 어려웠거든요. 그래도 아침마다 혼자 기도하고 미사 드리는 그 시간이 참 행복했어요.

사제직만 탁 던져 주고

기본적으로 교회에는 가부장적인 모습이 많아요. 특히 남성 사제들은 여성 사제를 동료로 의식하지 않는 것 같아요. 항상 남자들끼리 얘기하고 결정하고, 의사 결정 구조 안에 여성들이 들어

가지 못하게 되더라고요. 여성 사역자가 뭔가 어려움에 처해 있다면 그에 대해 허심탄회하게 이야기할 수 있는, 인격적인 교류가 있는 환경이 돼야 하는데 그게 잘 안 됐어요. 그냥 보이는 걸로만 판단하고 단정하는 느낌을 받게 되니 힘들었죠. 결정 권한을 가지고 있는 남성 사제들에게 제 얘기를 제대로 할 수 있는 기회가 없었어요.

그러고 보니 지금은 은퇴하신 한 여성 사제님이 하신 말씀이 기억나요. 자기는 사역하면서 뭘 해 볼 수가 없었다는 거예요. 본인이 가지고 있는 비전이나 계획대로 사역해 볼 수가 없는 환경이었다고 해요. 전도사였을 때는 위에서 시키는 것만 해야 했고, 사제가 되어서도 계속 개척교회나 규모가 작은 교회만 가셨으니까요. 그분이 늘 "나는 '문열이'였다"고 말씀하세요. 자기 역할은 '문을 여는' 거였다고.

제도적인 뒷받침이 있어야 여성들이 안정적으로 재능을 발휘할 수 있는 것 같아요. 이는 비단 성공회뿐만이 아니라 다른 교단도 마찬가지죠. 여성 성직, 여성 안수가 도입됐다고 해서 끝이 아니에요. 그다음 과정이 있어야 하는데, 그게 없으니까 문제인 거죠. 이제까지 교회 제도·구조가 남성 중심이었기 때문에, 여성이 사제가 된다고 하면 거기에 대한 별도의 지원이 있어야 해요. 남성들은 '역차별'이라 생각할 수도 있겠지만, 저는 그건 역차별이 아니라 공동체의 '성숙'이라고 봐요.

지금은 어찌 보면 그냥 사제직만 탁 던져 주고 나머지는 알아서 해야 하는 형편인 거죠. 남성 사제들뿐 아니라 신자들도 여성 사제에 대한 의식이 생소한 상황에서, 여성 사제가 어려움을 겪는 것은 그 사람 개인 문제라기보다 제도 문제인 경우가 많아요. 그걸 여성 사제 혼자서 해결하라고 하는 건 잘못됐다고 봐요. 우리가 어떻게 해 나가야 할지 함께 논의해야죠. 근데 그런 게 전혀 없이 개인이 다 떠맡으라고 하니까 힘에 부치는 것 같아요.

제도권 안에 기관을 만들어서 전문가들이 여성 사제들을 개인별로 상담하고 필요를 파악하면 좋겠어요. 거기서 나온 이야기를 토대로 제도를 정비해야죠. 대천덕 신부님 말씀에 따르면, 그런 것들이 '자비'예요. 그냥 간과할 수 있는 것도 지나치지 않고, 그 사람 입장에서 필요한 것들을 찾아보고 계속 서포트해 주는 거죠. 여성 사제들에게는 그런 것이 필요해요. 지금은 그런 시스템이 없어요.

여성도 '주교'가 될 수 있을까

일본에서 지난 4월 23일 처음으로 여성 주교가 나왔어요. 동아시아 최초예요. 물론 그분이 동경주교좌대성당 주임사제도 했고, 역량이 정말 뛰어난 분인 건 사실이죠. 그렇다 하더라도 여성이 주교가 되고, 남자 성직자들이 동료로 인정했다는 건 정말 대단한 일인 것 같아요. 제가 1993년 민병옥 사제님과 함께 일본에 간 적이 있는데, 그때 만났던 일본성공회 첫 여성 사제 사사모리 다츠가 이번에 홋카이도교구 주교가 된 거예요.

우리나라가 일본보다 더 가부장제가 강하다고 할 수 있지 않을까요? 여성 주교를 허용한다는 건 남성들이 기득권을 내놓는 걸로 볼 수 있죠. 가부장적인 환경에서 남성들이 기득권을 포기한다는 건 정말 쉽지 않은 일이잖아요. 근데 요엘서에 나오는 "남종과 여종에게 성령을 부어 주신다"는 말씀처럼, 남성과 여성이 같이 하느님의 형상으로 만들어졌다는 사실을 인정·협력하고 조화·균형을 이루면서 가는 것이 하느님나라의 모습이라고 생각해요.

한국에서는 아직 멀었죠. 여성이 주교좌성당 주임사제라도 한다치면, 교인들은 '어디 여자를 주임사제로 서게 하느냐' 같은 반응을 보이지 않겠나 싶어요. 이제 사제까지는 허용되지만, 주교는 아니라는 거죠. 대한성공회는 전도부인들이 활발하게 활동했을 때 제일 전도도 많이 됐고 활기 찼어요. 그 시절부터 여성들이 교회 리더로 자리 잡아 갈 수 있었다면, 여성들의 성직이 제도적으로 보장됐다면, 지금 뭔가 달라지지 않았을까 하는 아쉬움이 있어요. 인식부터 많이 변해야 하고 그를 위해서 우리 여성 사제들도, 남성 사제들도 함께 많이 노력해야죠.

인터뷰 진행 및 정리: 구권효

11.
결혼하면 목사가 될 수 없던 시절, 성녀 대신 '전사'가 된 여성

기독교대한감리회 성차별적 법에 맞섰던
김명희 목사

교단 초기부터 여성 안수를 도입했다. 다른 교단보다 먼저 여성 목사를 인정한 감리회지만, 아이러니하게도 1972년 '담임자로 결혼한 여자 목사는 담임을 계속할 수 없으나, 기관에서는 계속 시무할 수 있다'는 조항을 신설했다. 사실상 결혼한 여성에게 목사직을 주지 않겠다는 이 차별 조항은 1989년까지 17년간 존속했다. 감리회 김명희 목사(66)는 자신이 쓴 회고의 글 '여성 안수가 이루어지기까지'에서 이 조항을 다음과 같이 평가했다.

> 목회에 대한 사명이 불탔어도 한 인간의 삶을 제한하는 이 법 제도는 미래의 계획과 희망을 갖기에는 감당키 힘든 거대한 공룡과 같았습니다. 시간이 흐를수록 일에 있어서나 삶에 있어서나 적극적으로 사는 일을 방해했으며, 무기력함에 빠지도록 하였습니다. 세월이 흐를수록, 도대체 그것이 무엇인데 이렇게 한 인간의 인생을 짓밟아 놓는 것인가? 그것이 무엇인데 한 인간의 운명을 바꾸려 하는가? 하는 분노가 일기 시작했습니다.

김명희 목사는 직접 당사자가 되어 법을 바꾸기로 결심했다. 그는 1986년 서울시 서대문구 아현동에서 나눔교회를 개척하고 '결혼한 여성 담임 사역자'로서 빈민 사역을 펼쳐 나갔다. 동시에 목사 안수 과정을 밟아 나가며 성차별 조항 철폐 운동에 힘썼다. 사회에서 소외당한 빈민 여성을 위한 그의 현장 목회는 그 자체로 여성 해방 운동인 동시에, 자신을 비롯한 여성 사역자들의 지위를 향상시키는 투쟁 과정이었다. 싸움은 끝내 승리했다. 감리회 사상 처음 있는 일에 법 해석을 위한 위원회가 소집됐고, 1989년 마침내 차별 조항은 철폐됐다. 하지만 그는 이 과정에서 교단 내 정파 싸움에 휘말려 큰 고충을 겪었고, 법 개정 이후에도 목사 안수를 받기까지 6년이나 걸렸다. 믿고 의지했던 여성 사역자들 마저 그에게서 등을 돌린 이 사건 때문에 마음 깊이 상처를 받기도 했다. 교단 내 뿌리 깊은 남성 중심의 가부장성이 여성 간 연대를 가로막았다고 느꼈기 때문이었다.

여성 목회자를 '성녀'로 보던 시절

저는 45년 전인 1976년에 감리교신학대학교에 입학했어요. 학교에 입학한 후에야 여성 목회자를 차별하는 조항이 있다는 것을 알게 됐죠. 선배들이 그 조항을 없애기 위해 노력하고 있다는 이야기를 들었어요. 그때는 '이제 곧 나의 미래가 될 테니까 차츰 바꿔나가는 게 옳다' 정도로 인식했던 것 같아요.

사회가 가부장적이었으니 교계에도 여성을 남성과 동등한 인간으로 보기보다는 부수적인 존재로 보는 인식이 깔려 있었어요. 여성은 사람이 아닌 거예요. 다들 대놓고 말하지는 않았지만, 그런 인식이 차별 조항을 만든 것 같다고 느꼈어요. '여성에게 주어진 미래를 그대로 받아들이기보다 직접 만들어 나가야 한다'는 책임감이 들더라고요.

1978년 학내에서 선교신학회라는 사회운동 단체를 조직했어요. 제가 초대 회장을 맡았죠. 그 무렵에는 국가적으로 계층 문제, 농민 문제, 노동문제 등 사회적 문제가 처음 수면 위에 떠오르고 있었거든요. 사회과학을 공부하면서 계층 문제 등과 여성 문제가 교차한다는 걸 알게 됐어요. '운동'이라고 하면 사람들의 거부 반응이 심했기 때문에 '신학회'라는 이름을 내걸었던 거예요. 저는 그때부터 사회운동과 여성운동을 시작했어요.

제가 엄연히 한 단체의 회장이었잖아요. 사회운동 특성상 논의 과정도 많았고, 논의를 통해 결집한 내용을 행동에 옮기거나 글로 만들어 내는 작업을 할 때마다 위원들이 모여서 회의를 했어요. 위원 중 여자는 거의 없고 전부 다 남자 동료나 후배들이었는데요. 회의가 끝나면 저한테 와서 그러더라고요. "누나, 그래도 여자인데 그렇게 앞장서서 이야기하면 우리가 뭐가 됩니까." 저를 회장으로 보는 게 아니라 여성으로 봤던 거죠. '어떻게 여자가 리더 역할을 할 수 있느냐'고 문제를 제기한 거였어요.

그 당시에 여성 목회자에게는 '성녀'에 가까운 프레임이 씌워져 있었어요. 여성 목회자가 결혼한다는 건 상상할 수가 없죠. 그러니 '결혼한 여자 목사는 담임을 계속할 수 없다'는 조항을 교단 헌법에까지 넣게 된 거예요. '목회는 남성만 하는 거고, 여성은 결혼해서 사모를 하든지 보조적인 역할을 하는 거다', '여자가 목회한다는 건 그런 걸 다 포기하고 하나의 성스러운 여성이 되어 일하는 거다'는 생각이 팽배해 있었어요. 그것만큼 커다란 성차별이 어디 있겠어요. 차별적인 인식이 법에 반영돼 있을 뿐만 아니라, 실제 목회자 후보생들까지 여성의 리더십을 부정했죠.

그러면서 제가 갖게 된 철학이 두 개 있어요. '목회하는 남자와는 절대 결혼하지 않는다.' 그리고 '민주를 부르짖는 남자와도 절대 결혼하지 않는다.' 당시는 유신 시대였고 한국 사회변혁기였으니까 저도 사회운동을 참 많이 했는데, 소외되는 경험이 많았거든요. 운동하는 사람들 사이에서도 여성들은 그저 보조적인 존재, 성적인 대상이었죠. 운동하는 여성들이 굉장히 아팠던 게 뭐냐면요. 여성도 하나의 인간이자 동지로서 사회를 향한 아픔을 함께 나누는 게 아니라, 여성은 남성을 보조해 주는 수단이라는 인식이 그 안에도 팽배해 있었던 거예요.

"제가 결혼도 하고, 목회도 하겠습니다"

저는 신학생 시절부터 전도사로 사역하면서 가난한 사람들과 함께하는 목회를 하겠다고 다짐했어요. 졸업하고 보니 여성 사역자로서 교회를 개척하고 목회를 해 나가는 데 가장 큰 걸림돌이 되는 게 이 차별 조항이더라고요. 이 사회에 하나님의 손길이 없으면 살지 못하는 사람들을 위해 일하라고 하나님께서 저를 부르셨는데, 제도가 그 길을 가로막고 있다고 느꼈어요. 분노할 수밖에 없었죠. 그러면서 제 앞에 놓인 바위를 헤쳐 나가는 게 저의 신학이자, 목회이자, 길이라고 고백했어요.

1980년 학교를 졸업한 후에는 일단 한 교회에 전도사로 취직했어요. 제가 할 수 있는 게 없었으니까요. 그리고 그해 창립한 한국여신학자협의회(여신협)에서 6년간 활동했어요. 당시는 한국기독교장로회를 빼고는 모든 교단에서 여성 안수가 통과되지 않았거든요. 여신협을 중심으로 각 교단이 연대하면서 범교단적·범조직적으로 여성 안수 운동이 시작됐어요. 저는 교단 안팎에서 여성 안수에 대한 인식을 바꾸는 작업, 신학적으로 증명하는 작업, 그 의미를 공유하고 의식화·공론화하는 작업을 했어요. 〈기독교사상〉에 '여성 성직자의 현황과 문제'라는 논문도 써냈고요.

교단 내부적으로는 선배들이 해마다 차별 조항을 철폐해 달라는 청원을 올렸어요. 하지만 총회는 꿈쩍도 안 했죠. 저로서는 이제 단독 목회를 시작해야 하는데, 여전히 상황이 달라지지 않는 거예요. 마침 또 제가 연애하던 사람이 있었는데요. 결혼 이야기가 오가는 상황이었어요. 고민이 되는 거예요. 목회를 해야겠는데, 결혼하면 못 하게 돼 있으니까요. 결혼이냐, 목회냐를 강요받게 된 거죠.

하루는 이 문제를 두고 선배들과 상의하면서 제 입장을 밝혔어요. "우리가 그동안 끊임없이 청원을 해 왔지만 안 바뀌었습니다. 앞으로도 청원만 계속해서는 절대 통과 안 됩니다. 실제 사례가 있어야 하고, 논의를 수면 위로 올리는 게 중요합니다. 결혼할 사람도 있고 하니, 제가 결혼도 하고 목회도 하겠습니다." 선배들은 반대했어요. 저를 걱정한 거죠. "어차피 법으로는 안 되니 일단 결혼해라", "목회 문제는 나중에 시간이 지나면 해결되지 않겠냐"고 그랬어요. 그런데도 제가 강경한 입장을 계속 고수하니까, 그럼 교회를 개척할 때 지원해 줄 수 없다고 하더라고요. 제가 일하던 교회에서도 지원 못 해 주겠다고 하셨죠. 의지했던 양쪽으로부터 지원이 전부 끊긴 거예요.

그래도 이 문제를 수면 위로 올리는 첫 시도를 제가 해야겠다고 결심했어요. 교회를 개척하려면 실질적으로 재정적인 지원이 있어야 하잖아요. 안 도와주겠다는데 어떡하겠어요. 그래서 일단 결혼은 좀 접어 두고, 교회에서 사임하면서 받았던 퇴직금을 가지고 교회를 개척했어요. 지금으로부터 36년 전 이야기인데요. 1986년 8월 이화여자대학교 운동장에 여덟 명이 모여서 예배를 시작했어요. 참 많이 슬펐어요. 서러웠고. 그때 감정을 뭐라고 표현할 수 있을까요. 물론 저를 사랑하고 걱정해 주시는 마음이었겠지만, 불합리한 제도를 바꿔 나가고자 하는 노력에 믿고 의지하던 이들이 협조해 주지 않는 게 너무 아프더라고요.

교단에서는 6개월 후에야 개척 공고를 내줬어요. 예배당이 없다는 이유였어요. 공고가 나자마자 곧바로 결혼했는데요. 아마 한 달 정도까지만 목사님들께 사랑받았던 것 같아요. 처음에는 젊은 여성 사역자가 교회를 시작하는 게 기특하다고 긍정적으로 생각하시고 예뻐도 하셨는데, 결혼을 하고 나니까 많은 분이 돌변했어요. 그동안 알고 지내던 남자 동료나 후배들은 제 결혼식에도 거의 안 왔어요. 여성 사역자는 '성녀'여야 한다는 남성들 인식을 아주 뚜렷하게 보여 줬죠. 지방회에 가면 임신한 저를 향해 "식사가 1인분인가, 2인분인가?"라며 비아냥거리기도 했어요. "3인분일 수도 있죠"라고 응수하면서도 속으로는 이 악물고 버텼죠.

시간이 흐르면서 지방회 목사님들이 제 안수 문제를 진지하게 고민하기 시작했어요. 저만 법을 어긴 게 아니라 제가 속한 지방회에서 법을 어기게 된 셈이잖아요. 난감한 문제였죠. 전도사로 파송시켜 놨는데 물릴 수도 없었고요. 그래서 그분들을 설득하는 작업을 시작했어요. 결혼한 여성 목사는 담임 목회를 불허한다는 조항을 저만큼 들여다본 사람이 없을 거예요. 그동안에는 '담임할 수 없기 때문에 안수를 줄 수 없다'고 해석해 온 건데, 거꾸로 하면 '목사 안수를 받아도 담임만 안 하면 된다'는 말이기도 하잖아요. '결혼해도 담임만 안 하면 안수는 받을 수 있다'는 거고요. 목사님들은 거취를 물으면서 제가 스스로 포기하도록 무언의 압박을 하셨어요. 그러면 저는 "만약 안수받은 후에 법 조항에 저촉된다면, 담임이 아니라 다른 모습으로 목회하면 되지 않느냐"고 설득했어요. 목사 안수 받기까지 과정이 있으니, 속으로는 그 기간 안에 법이 바뀔 수도 있다고 생각했어요. 하지만 목사님들이 제 얘기를 쉽게 납득하지는 않으시더라고요.

교단 내부의 개혁 진영과 함께 연대 활동도 펼쳤어요. 당시는 도시 산업화 시대라 곳곳에서 도시 빈민 운동이 생겨나고 있었는데요. 교단은 관심도 없고 제도를 마련하는 일에도 손 놓고 있었거든요. 교단의 비민주적인 법을 바로 세우기 위해 감리교민주화추진협의회(감민추)가 조직됐어요. 그때 여성·농민·노동자 등이 연합해서 법 개정 운동을 벌였고, 여성 목회자들도 연대하면서 여성 안수 문제를 함께 제기하게 됐어요. 1988년 총회에서는 연대 단체 대표들이 모여 단상을 점거하기도 했죠.

이때부터 교단에서 구체적인 탄압이 시작됐어요. 감민추 운동에 참여했다는 이유로 진급에서 누락시키려고 했죠. 감리회에서는 목사 안수를 받으려면 지방회에서 파송받아 3년간 담임 목회를 하고, 그 기간 동안 지방회 추천을 받은 후 연회에서 과정 심사와 자격 심사를 거치는 진급을 해야 하는데요. 이듬해 연회에서 제 진급을 두고 규칙해석위원회를 열었어요. 저는 정식 연회원이 아닌 준회원이었기에 안건 발의조차 할 수 없는 상황이었고, 다른 분의 손을 빌어 안건을 상정했죠. 다행히 담임은 할 수 없지만, 진급은 할 수 있다는 결론이 나왔어요. 연회가 열리는 3일이 마치 30년처럼 길었어요.

문제는 총회 단상 점거 사건을 해결하는 과정에서 교단 내 정파 갈등과 얽혔다는 거예요. 저와 똑같은 상황의 남자 동료는 진급했는데 결국 저는 진급하지 못했어요. 제 진급 문제가 정치적으로 다른 입장에 속한 목사님들의 타협 조건이었던 거예요. 한 남성 목사님이 제게 오셔서 "김 전도사가 진급을 포기하면 가을 총회에서 법이 개정될 수 있도록 약속하겠다. 대신 이번에는 진급을 포기하라"고 강요하셨어요. 한 여성 사역자분도 "가을에 다 해 준다니까 네가 이번에 포기해라" 하셨고요. 진급은 제게도 절실한 문제였지만 사실 여성 모두의 문제잖아요. 그런데도 일부 여성은 침묵하고, 심지어 차별에 동조하기도 했어요. 결국 자포자기하는 마음으로 진급을 포기했죠.

그해 총회에서 법이 개정됐어요. 정치적인 결론이었지만요. 그런데 법 개정 이후에도 지방회 목사님들이 저를 진급시켜 주지 않았어요. '남편이 세례받지 않았다', '교회가 작다', '여성스럽지 못하고 자기주장이 강하다'는 게 이유였죠. 소식을 들어 보니 후배들이 학교에 대자보를 붙였대요. 지방회는 아직 준비가 되지 않았는데 제가 무리해서 이 모든 일을 밀어붙였다고요. 일부 여성 사역자는 제게 '목사 안수 받는 게 뭐가 그렇게 급하냐'는 식의 이야기를 하기도 했어요. 지방회에서 파송해 주지 않아 2년간 제명 상태가 되기도 했죠. 제가 쌓아 온 모든 게 다 물거품이 됐어요. 철저히 혼자가 된 거죠. 아무도 제 편이 돼 주지 않았어요. 그때 받았던 아픔이 굉장히 커요. 교단 내 뿌리 깊은 가부장성이 여성 간 연대를 하지 못하게 가로막은 거예요.

여성 안수 운동은 나의 목회, 신학, 해방

저는 1995년 뒤늦게 목사 안수를 받았어요. 법이 개정된 후 6년 만에요. 일반적으로 목회 시작 3년 후면 안수를 받게 돼 있는데요. 저는 1986년에 교회를 개척했으니 그 과정을 세 번 거친 셈이에요. 남자 동기들은 이미 목사가 되고도 남았는데, 저는 여자이고 결혼했다는 이유만으로 그렇게 된 거예요.

목사 안수를 받던 날에는요. 정말 하루 종일 울었어요. 제가 울려고 한 게 아니라 아침에 가서 끝날 때까지 눈물이 멈추지 않는 거예요. 사진이 잘 나오려면 눈물이 그쳐야 하는데 얼굴은 빨갛고 눈은 충혈되고. 지금도 친구들이 찍어 준 사진 보면 다 나와 있어요. 제가 1980년부터 여성 안수 운동을 시작해서 15년 만에 안수를 받은 거거든요. 법 개정을 위해 싸워 온 역사가 고스란히 떠오르는 거예요. 그러니까 일반적인 목사 안수와는 달랐죠. 법이 바뀌었다는 단순한 느낌이 아니라 내 삶의 한 부분을 바쳐 이걸 해냈다는 생각이 들었어요. 이제는 결혼과 목회 중 하나를 선택해야 하는 게 아니라 같이 해 나갈 수 있는 새로운 길을 후배들에게 열어 줬다고 생각했죠.

저에게 여성 안수 운동은 목회이기도 하고, 신학이기도 하고, 여성 해방운동이기도 했어요. 분리해서 생각할 수 없어요. 여성 안수 문제는 여성의 인권을 회복하고, 하나님께서 우리에게 주신 인간성을 회복하는 일이에요. 여성 안수를 도입하지 않는 건, 그리스도의 사역에 대한 인간의 도전이라고 생각해요.

물론 이후에도 교단에 악조항이 많이 생겼어요. 여성이 대다수를 차지하는 심방전도사를 교역자로 인정하지 않는 문제나, 한 교회에서 부부 목회를 못 하게 하는 것들이요. 이 법을 만들 당시 입법의회에 여성 리더십이 없었던 거죠. 이를 위해서라도 여성 할당제가 필요해요. 가부장제 사회에서 여성과 남성은 출발선이 다르거든요. 남성 중심 시스템이 곳곳에 자리한 상황에서 여성들은 매번 기회를 차단당해 왔어요. 할당제는 여성과 남성이 같은 선상에서 출발할 수 있도록 만들어 주는 제도예요. 지금은 성별·세대별 15% 할당을 의무화하고 있는데, 사실은 더 늘려야 해요. 여성 할당제를 반대한다는 건, 100개 가진 사람이 하나 내주면서 아까워하는 거예요.

거기까지 갈 수 있는 여성 리더십을 키워 내는 것도 중요해요. 감리회에 여성 연대가 잘 구성돼 있다고 이야기하지만, 사실 여성 리더십도 다 성격이 다르거든요. 가부장 문화 아래서 각자가 살았던 삶의 환경이 자신의 리더십을 결정해요. 같은 여성들 사이에서도 다툼이나 차별이 일어나기도 하고, 이 차별이 여성 전체의 인권 문제를 해결하는 데 방해가 되기도 해요. 앞으로는 우리가 여성으로서, 인간으로서 같은 방향을 가지고 차별을 극복할 수 있는 힘을 기르는 게 필요하다고 봐요. 너의 아픔과 나의 아픔을 함께 나눌 때, 차단된 기회를 만들어 나갈 수 있어요. 그게 제가 여성 안수 운동 과정을 통해 절실히 느낀 거예요.

또 한편으로 문제를 해결하기 위해서는 현장에 있는 본인이 나서야 한다고 생각해요. 누가 대신해 주는 게 아니거든요. 당사자들이 과감하게 일어서지 않으면 문제는 해결되지 않아요. 연대는 필수적이지만, 그중에서도 피 흘리는 '한 사람'이 있지 않으면 한계가 있거든요. 이건 제 경험담이기도 하죠. 정말 많이 고통스러웠어요. 여성 안수 운동을 하면서 제 믿음이 정말 많이 성장했는데요. 예수님의 피 흘림이 고스란히 내재화한 것 같아요. 그만한 각오가 없으면 철옹성 같은 가부장성을 헤쳐 나가는 건 정말 쉽지 않다고 느껴요. 지금의 저는 외롭지 않지만, 30년 전 제게는 동료가 없었어요. 여성들이 손에 꼽을 정도였거든요. 이제는 그렇지 않잖아요. 피 흘리고자 하는 자기 고백만 있다면, 어떠한 문제든 여성들이 함께 해결할 수 있다고 저는 감히 생각해요.

인터뷰 진행 및 정리: 나수진

12.
목사 안수는 목회 사명 감당하라고 하나님이 주신 것

기독교대한성결교회 제2회 여성 안수자
이수경 목사

여성 안수가 필요하다고 생각하는 이유는 교단 및 개인 성향에 따라 다를 것이다. 기독교대한성결교회(기성) 이수경 목사(67·새사랑교회)는 여성 안수에 마음을 크게 두고 제도화를 위해 노력했지만, 그것이 교단 내 성차별을 타파하기 위한 투쟁의 목적은 아니었다. 그에게는 "하나님이 목회를 하라고 부르셨고, 그 부르심을 따라가다 보니 목사 안수를 주셨다"는 신앙고백이 있을 뿐이다.

기성은 2004년 여성 안수제를 도입했다. 2001년부터 새사랑교회를 개척해 담임전도사로 사역하던 이수경 목사는 2006년 목사 안수를 받았다. 늦은 나이에 신학을 시작해 여성 목회자로 살아간다는 것이 쉬운 일은 아니었다. 자신도 모르는 사이 지방회에서 소외당하는 일도 있었지만, 본질에 집중하며 묵묵히 목회하다 보니 교단에서도 그를 인정하기 시작했다. 지금 이 목사는 기성 교단 목회자를 양성하는 서울중앙신학원 영성신학 교수이기도 하다.

직접적으로 제도 변화를 외치기보다 "예수를 닮아 가자"는 이수경 목사의 말은 보수적이고 일면 고루해 보이기도 한다. 그러나 그의 삶의 궤적을 좇아가다 보면 그 말이 마냥 신기루 같은 것은 아니라는 사실을 알 수 있다. 그러면서도 이 목사는 자기 생각에만 갇히지 않았다. 저마다의 이유로 좀 더 투쟁적으로 참여하는 사람들에게도 공감했고, 그들과 연대하며 교단의 여성 안수제를 이끌어냈다.

'여자가 무슨 목회를' 하던 시절

제가 늦은 나이에 주님을 만났어요. 서른에 예수님을 만났는데요. 제가 다니는 직장에 독실한 장로님이 계셨어요. 그 장로님이 예수를 안 믿으면 직장을 그만둬야 한대요. 되게 치사하더라고요.(웃음) 지금 생각하면 은혜가 넘치는 일이지만요. 그래서 "교회 가겠습니다" 했더니 바로 그 옆에 있는 교회 목사님한테 전화를 하는 거예요. 목사님이 5분 만에 오셔서 저를 교인으로 등록해 가셨죠. 그 교회가 기독교대한성결교회 소속이었어요. 그때부터 기성 교단 성도가 됐죠. 저를 전도해 주신 분이 김윤환 장로님이셨는데, 나중에 알고 보니 가나안농군학교 땅을 기증하신 분이셨어요.

그렇게 교회를 다니게 됐는데, 당시 기성 교단에는 담임목사님이 그만두면 부목사님도 같이 사임하는 게 법이었어요. 저를 가르쳐 주신 부목사님이 참 귀하신 분이었는데 그 교회에서 나가게 되신 거예요. 그분이 서울 상계동에 교회를 개척하셔서 저도 거기로 교회를 옮기게 됐죠. 그 목사님이 제 삶의 자리를 모두 아시는 분이었는데, 어느 날 저에게 "신학을 공부하면 어떻겠느냐"고 제안하셨어요. 그러면서 "교단 안에 중앙신학교라는 곳이 있는데, 거기를 나오면 노후에도 복음을 전하면서 안전하게 살 수 있다"고 하셨어요. 그래서 중앙신학교에 가게 됐죠.

그때가 1996년, 제 나이 마흔이었어요. 서른에 예수 믿고 10년을 단련받은 후 마흔에 부르심을 입은 거죠. 주님의 이끄심이었어요. 그때는 '목사가 돼야겠다'는 생각은 1%도 없었고요. 신학교에 가면 전도사가 된다는 흐름 정도만 이해하고 있었죠. 공부는 정말 재미있게 했어요. 제 나름대로 신앙을 정리할 수 있는 기회가 됐죠. 당시는 기독교 신앙이 기복 사상에 물들어서 '예수 믿으면 모든 것이 잘되고 성공하고 행복하다' 이런 것들을 많이 얘기했을 때잖아요. 근데 제 삶을 보면 너무 아닌 거예요. 예수를 믿는데도 힘들고 가난하고 실패하고 이런 과정들이 이해가 안 가더라고요. '나는 왜 예수를 믿으면서도 여전히 고생에서 벗어나지 못하고 있나? 아직도 죄 때문에 심판받고 있나?'라는 물음표가 항상 있었어요.

홀로 많이 돌아다녔어요. 그 질문에 답을 얻기 위해서. 중앙신학교 와서 요한 웨슬레(존 웨슬리)의 성결론을 만나게 됐어요. 그때 내가 겪는 이 고난이 칭의와 거듭남 그리고 성화, 영화의 자리까지 이끌어 가기 위해 하나님이 나에게 주시는 아름다운 은혜라는 것을 알게 됐어요. 비로소 제 고통의 깊이를 다 풀어낼 수 있었죠. 나 같은 죄인을 살려 주셔서 영생을 주신 것도 감사한데, 주님을 따르는 길 위에 서게 해 주셨다는 것에 말할 수 없는 기쁨이 솟아나서 하늘을 날아다니는 느낌이었어요. 그 은혜로 신학 공부를 했어요.

2001년 11월 15일 지금 이 새사랑교회를 개척했습니다. 졸업과 동시에 개척을 했고, 신대원에 가서 공부를 3년 더 해야 했죠. 목회하면서 배우기도 하니까 그에 따르는 즐거움이 있더라고요. '목사'라는 목표를 향해 간 것이 아니고, 하나님이 복음을 잘 전달할 수 있는 전달자로 만들기 위해서 공부를 통해 기회를 주신다는 깨달음이 있었어요. 전도사였지만 굉장히 행복한 목회를 했죠.

사실 당시 교단은 '여자 전도사가 무슨 교회를 개척하느냐'는 분위기였어요. 여성들이 목회한다고 하면 '은사 집회'를 한다고 생각했어요. 저는 은사 집회보다는 하나님의 성품을 닮아 가려는 목회 방향이 있었고, 예배와 성도 간 교제, 말씀, 기도를 중요하게 여겼거든요. 은사는 성령께서 그분이 원하시는 방향을 타고 움직이는 것이라고 생각했어요. 어쨌든 2년 동안은 정식 교회가 아니라 '기도 처소'로 있을 수밖에 없었죠.

여성이기 때문에 당하는 차별이라고 생각하지는 않았어요. 예수님이 이 땅에 오셔서 복음을 전하고 "내가 하나님의 아들이다"라고 했을 때 박해를 받았잖아요. 제가 지방회에서 저도 모르는 사이에 소외당하는 걸 경험하고서는 '아, 나는 정말 예수를 따르는 복음 전도자구나'라고 생각했어요. 왜? 나는 하나님나라를 전하기 위해 부르심을 받았지만, 지금 여기서 환영받지 못하고 있으니까. 그게 증거라고 생각하면서 겸손히 복음을 전하며 기다렸죠.

전도사는 교인들에게 세례를 못 주잖아요. 지방회 치리 목사님이 분기별로 오셔서 세례식을 했는데, 그때마다 새 가족이 많게는 10명, 적게는 5명 이렇게 계속 나오는 거예요. 정말 하나님이 하신 일이었죠. 그러니까 치리 목사님이 "여기가 진짜 교회다. 여기에 교회를 세우신 분은 하나님이시고, 이수경 전도사를 부르신

분도 하나님이시다. 이제는 창립 예배를 드려서 교회로서의 모습을 갖춰 가도록 해야 한다"고 지방회에 말씀하신 거예요. 그래서 2003년부터 지방회에 소속된 정식 교회가 됐죠. 그렇게 인내한 결과로 새사랑교회가 탄생했으니 얼마나 행복한지요. 너무 감사한 일이었죠.

가시밭에 백합화가 되겠다고

목사 안수를 받아야겠다고 생각하게 된 계기가 있었습니다. 개척하고 교회를 이루어 감에 있어서 불편한 것들이 나타나기 시작한 거죠. 제가 새 가족들을 전도해서 양육하고 했는데, 정작 세례는 다른 사람이 줘야 해요. 사랑하는 교인들에게 마음껏 축도도 못 하죠. 또 성만찬을 너무 하고 싶었는데 전도사는 성만찬을 할 수가 없는 거예요. 교회를 교회 되게 하는 일에 있어 세례와 성만찬과 축도는 반드시 있어야 한다고 생각하게 됐습니다.

그렇게 생각하고 있을 때, 지금은 하늘나라에 계신 문수영 목사님과의 만남이 시작됩니다. 당시는 전도사님이셨죠. 문수영 목사님의 아픔은 뭐였냐면, 서울 불광동에 기자촌이 있었어요. 그 일대에 성매매 여성들과 넝마주이들이 있었다고 해요. 목사님이 그분들을 전도해서 예배를 드리고는 했는데, 그분들이 예배당을 나가면 또 사고를 치는 거예요. 담임전도사로서 경찰서에 가서 "우리

성도입니다" 하고 데리고 나오려고 하면, '전도사'라는 말에 경찰들이 무시했다는 거예요. "목사도 아니고 웬 여자 전도사가 와서 떠들어" 이러면서. 그런 일 때문에 마음이 아팠다는 거죠.

제가 지방회에서 인정받지 못하는 모습을 보고, 문수영 목사님은 제가 여성 전도사라서 무시당한다고 생각하신 거예요. 저에게 "이제부터 우리가 여성 목사 안수를 위해 한번 기도하면서 열심을 내 보자" 제안하셨죠. 근데 저는 그런 관점은 아니었어요. 저는 이런 시간들도 견뎌야 한다고 생각해서 '목사 안수를 안 받았기 때문에 겪는 고통이다'라는 생각으로 돌입하지는 않았어요.

그렇지만 교제잖아요. 저도 그랬지만 당시 여성 전도사님들이 목사 안수를 원하는 저마다의 이유가 있었어요. 한 여성 전도사님은 개척해서 목회를 크게 키웠는데, 남성 목사님들 중에는 그 모습을 좋게 보지 않는 분도 더러 있었다고 해요. 그러다 보니까 그 여성 전도사님은 무시당할 수도 있었겠죠. 거기에서 오는 아픔을 가지고 말씀하시는 분도 계셨어요. "여성이기 때문에 우리를 너무 무시한다"고. 그렇게 여성 선배님들을 만나게 되면서, 2002년부터 여성 안수를 위해 노력하는 일이 시작됐어요.

'여성안수추진위원회'를 조직해서 먼저 일하신 분들도 계셨는데, 저는 그냥 삼삼오오로 참여했어요. 그래도 여성 교역자들은 서로의 노력을 알고 있었죠. 특히 문수영 목사님과 김숙하 전도사님 그리고 저 이렇게 셋은 항상 같이 다녔어요. 제가 마티즈를 타고 다녔는데 거기에 항상 모시고 다녔죠. 어디서 교단 총회가 있다고 하면 그게 지방에 있는 교회라도 무조건 하루 전날 모시고 가요. 가면 우리 여성 교역자들이 어느 숙소를 잡아 놓죠. 거기 들어가서 "이번에도 우리가 애써서 해 보자. 으쌰으쌰, 파이팅!" 하고는 밥도 같이 먹고 밤에 기도도 했어요.

다음 날 아침 9시에 총회가 열리잖아요. 그럼 저희는 더 일찍 나가서 홍보했어요. 목사님들 모여 있는 곳 구석구석 찾아다니면서 "안녕하세요. 이번에는 여성 목사 안수 꼭 부탁드립니다. 이번에는 꼭 되게 해 주세요" 하고, 문수영 목사님도 나도 차 들고 과일 들고 많이 다녔죠. 해 달라고 사정도 하고, 우리 입장도 얘기하고, 꼭 돼야 한다고 말씀드리기도 했어요.

목사님들이 첫해에는 그냥 냉소적으로 보셨는데, 해를 거듭할수록 "또 왔어?", "에이 그냥 전도사 해. 뭐 때문에 목사 안수 받으려고 해", "목사 안수 받으면 부교역자로도 못 가. 개척해야 돼" 하는 거예요. 그러면 저는 "무슨 말씀이세요. 개척이 더 재밌어요" 이래 가면서 설득했어요. 한쪽에서는 "아휴, 목사 받지 말고 그냥 전도사를 하라니까" 그러고, 또 한쪽에서는 우리 여성 교역자들 이름을 불러 주시면서 따뜻하게 "그래, 이번에는 꼭 되게 해 보자" 응원해 주시는 분들도 계셨어요.

총회에서는 몇 번 부결이 됐어요. 그때마다 우리 여성 교역자들은 "참 내가 어이가 없다", "아니 왜 안 주는 거야. 도대체 왜 그러는 건데" 이런 말을 많이 했죠. 어떤 전도사님은 "우리 다 같이 떠나자. 교단 탈퇴하자. 소망이 없는 것 같다" 그러셨어요. 그래도 저는 기독교대한성결교회에서 가시밭에 백합화가 되겠다고 노래 불렀어요.(웃음) 몇 명은 "떠나야 돼", 몇 명은 "안 떠날 거야" 이래가면서 그 밤에 다시 모여 울고 기도하고…. 안 된 것에 대한 아픔, 그럼에도 잘될 거라는 기대, 서로 위로해 주고 용기를 북돋고는 했어요. 사귐이죠. 그런 코이노니아가 우리 안에 깊이 있었어요.

여성 안수가 통과된 2004년 총회는 서울신학대학교에서 진행됐어요. 저희는 방청객으로 들어가서 위층에 앉아 있었죠. 저 아래에서 "가결되었음을 선포합니다(땅땅땅)" 했을 때, 같이 앉아 있던 전도사님들이 일제히 쫙 일어나서 환호성을 질렀어요. "할렐루야, 하나님 감사합니다" 그러면서 서로 얼싸안고 끌어안고…. 그때 성결교단 신문에 우리 사진이 나왔어요. 너무너무 감사했죠.

그동안 성결교단에 몸담고 있던 여자 전도사님들이 목사 안수가 안 돼서 많이 나가셨어요. 타 교단으로 얼마나 많이 뺏겼는지 몰라요. 귀하신 분 정말 많았는데. 너무 안쓰러웠어요. 목사가 돼야 목회를 더 잘할 수 있다는 것을 아니까. 근데 이 교단 사정은 너무 요원했던 거예요. 그러니까 이탈했던 거죠. 그분들에게 뭐라 할 수는 없어요. 그것 또한 하나님의 부르심이라고 믿으니까요. 여성 안수 통과 이후 소감을 이야기할 때 아쉬움을 내비쳤던 기억이 나요. "진작 줬으면 우리 성결교단의 여성 목회자가 더 하나님나라를 확장해 갔을 텐데 아쉬움이 많습니다"라고.

세례, 축도, 성만찬

이듬해 2005년에 그동안 목사 안수를 기다리던 선배 여전도사님들이 소급 적용돼서 시험을 치르고 안수를 받았어요. 저는 2006년 두 번째 여성 안수자이기는 하지만, 그때는 여성 전도사 8명이 정식으로 목사 고시를 치르고 통과해서 받은 거예요. 제가 속한 서울북지방회에서는 최초였고요.

목사 안수를 받고 나니까 세례를 베풀 수 있는 것이 얼마나 엄청난 기쁨이었는지요. 새 가족을 전도해서 양육하고 그리고 시간이 되어서 세례를 베풀 때는 정말 하나님의 기쁨이 내 안에 가득한 것 같았습니다. 그리고 축도를 마음 놓고 할 수 있으니 너무 행복했어요. 성도들을 삼위일체 하나님의 은혜와 사랑과 이끄심에 맡기는 축도는 그 자체로 평안함이었습니다.

지금 예배당에 온 지가 10년인데 저희는 매주 성만찬을 했어요. 성경에 보니까 날마다 했더라고요. 성만찬이 주는 은혜가 굉장해요. 설교는 설교자가 전달하고 회중이 듣는 방식이지만, 성만찬은 모두 직접 참여하며 예수님과의 연합을 이루는 예식입니다. 성만찬 할 때면 꼬맹이 아이들이 쭉 줄 서서 나와요. '사랑의 나눔 있는 곳에 하나님께서 계시도다' 노래를 부르면 세 살 걸음마 하는 애들부터 열 살, 열한 살 아이들까지 쭉 와서 가슴에 손을 모으고 서 있어요. 그 모습을 보는 게 얼마나 기쁜지요. '너희는 하나님의 사랑을 입은 자녀야' 이렇게 고백하면서 떡을 주죠. 그렇게 아이부터 어르신까지 모두 나와 성만찬에 임할 때 목사로서의 기쁨이 크게 일어나더라고요.

하지만 지금도 여성 사역자의 처우가 약한 건 사실이에요. 제가 성결교단 안에서 목회한 지 20년 차가 됐습니다. 초창기에는 여성 교역자를 좀 생경하게 보셨죠. '정말 목회를 할까?' 이렇게. 특히 우리나라에 깊이 뿌리내린 가부장적인 사상을 가진 사람들은, 같이 예배를 드리면서 함께 걸어가는 사역자인데도 여성 목회자를 그리 좋게 봐 주지 않더라고요. 주로 남성 목사님들 밑에서 신앙생활을 하다 오신 분들도 여성 목회자를 좀 버거워하는 면이 있고, 뭔가 잘 맞지 않는다고 생각하시는 것 같았어요.

여성 성도님들은 남성 목사님한테 선물 줄 때 넥타이나 와이셔츠를 주잖아요. 근데 여성 목회자한테는 뭐를 해 줘야 할지 잘 모르시더라고요. 저도 남성처럼 칼라 있는 와이셔츠를 한 벌 받아봤어요. 기쁘게 받았어요.(웃음) 그러면서 드는 생각이, 이렇게 가부장제가 깊게 뿌리내려 있으니 여성들은 교회 안팎에서 어려움이 많겠다는 거였어요. 영적인 권위를 가지고 은사 사역을 하는 분들은 어떤지 모르겠지만… 낮은 마음으로 사역하는 여성 사역자의 처우가 좋지 않다는 사실에 대해서는 여러 가지 얘기할 수가 있겠죠. 그게 사실이니까.

근데 천천히 바뀌고는 있어요. 저 같은 경우는 지방회에 소속한 지 20년이 되다 보니까, 다른 목사님들과 신뢰 관계가 생겼어요. 제가 그분들을 사랑하고 존경하고 섬기는 부분들을 알고 계시더라고요. 그러다 보니 저에게 지방회 내 부장 자리를 주기도 하셨고, 감찰장 자리를 주기도 하셨어요. 충남지방회 같은 경우는 여성 지방회장까지도 나왔더라고요. 여성의 자리가 약하긴 하지만, 그래도 천천히 자리매김하고 있다고 봐요.

예수를 깊이 닮아 가는 것

여성 안수 이후의 과제라… 굉장히 중요한 질문인데 조심스럽기도 하네요. 저는 여성 목사로서 남성 목사님들과 함께 복음 사역을 진행하는 데 있어서는 서로 불편하기도 하고 갈등도 있을 거라고 생각해요. 긴장감이 흐를 수 밖에 없어요. 근데 저는 '이것을 해 보세요, 저것을 해 보세요'라고 말하지는 못하겠어요. 제가 그렇게 살아오지 않았으니까요. 나는 지금까지 그냥 주님이 원하시는 데 가서 서 있었을 뿐이야. 그걸 보고 움직이신 분은 하나님이시기 때문에 저는 이렇게밖에 말할 수가 없어요.

저는 여성이나 남성이나 예수를 깊이 깊이 닮아 가야 한다고 생각해요. 지위가 향상돼서 높아지는 게 아니라, 지위를 다르게 주신다 할지라도 한결같이 주의종으로서 섬김의 영성으로, 어머니의 마음으로 품어 가면서 우리의 빛을 내 줘야 한다고 생각해요. 남성과 여성 사이에 차별은 없어야 하지만 다름은 있잖아요. 서로 인정해 주면서 겸손하고 온화한 마음으로 받아 줘야 하지 않을까.

사역지에서 최선을 다해 헌신하고 희생하며 그 십자가를 지고 간다면, 충분히 모든 이에게 여성으로서의 주님 따르는 길을 잘 보여줄 수 있지 않을까.

그런 모습으로 나아 왔더니, 요즘은 남성 목사님들이 지방회 대의원도 남성과 여성 비율을 몇 대 몇으로 해서 파송해야 한다고 얘기하고 있어요. 제도가 조금씩 바뀌고 있는 거죠. 제가 힘으로 뭔가 하려고 했다면, 내가 누군가를 만나면서 계속 그런 얘기를 했다면 바뀌지 않을 것 같았어요. 그런데 하나님이 기회를 주시더라고요. 제가 감찰장을 할 때 어느 교회를 치리할 일이 있었거든요. 남성 목사님들이 하지 못하는 얘기를 제가 하게 됐죠. 그랬을 때 목사님들이 자신들은 못 했는데 여성 목사님이 해냈다고 하시더라고요. 그렇게 인정받는 일이 생기기 시작하면서, 여성 대의원 파송 얘기도 나오고 제도의 변형이 와야 한다 그래요. 우리 지방회가 둘로 나뉘었는데 그러면서 감찰장을 여성 2명, 남성 2명으로 세웠어요. 이런 식으로 제도도 바뀌어 가는 모습을 보고 있어요.

본질적인 것을 추구하는 게 참 힘들고 어렵지만, 하나님 앞에서 내가 모든 것을 성실하게 해서 그 모습을 보는 분들이 생각을 달리할 수 있는 계기를 만드는 일을 우리 여성들은 충분히 할 수 있다고 생각해요. 여성들의 영성은 성경 시대에도 그랬지만 상당히 깊어요. 말씀을 묵상하고 내 삶을 성찰하면서 살아간다면, 거기엔 좋은 열매가 많이 맺힐 거라고 기대하고 있어요. '목사'가 물론 중요하죠. 하지만 전도사일 때든지 목사일 때든지 하나님이 나에게 주신 부르심을 따라 성실하게 화답하면서, 사람을 의지하지 말고 하나님만 바라보고 가다 보면, 일은 하나님이 하신다는 거예요.

오늘 인터뷰를 준비하면서, 왜 이때에 하나님이 이런 이야기를 하게 하실까 저도 질문을 한번 해 봤습니다. 그러면서 제가 왜 기독교대한성결교회에서 신앙생활을 시작했는지부터 지금까지 쭉 되짚어 보니까, '하나님께서는 복음을 전하기 위해 여성이나 남성이나 차별 없이 선택하신다', '선택하신 후 하나님은 그 선택에 맞는 기쁨과 능력을 공급해 주신다' 이런 깨달음이 있었습니다. '꼭 목사가 돼야지'라고 목표점을 세워 놨다면 어떤 일이 일어났을지는 잘 모르겠어요. 하지만 분명한 것은 하나님께서 내가 목회할 수 있도록, 그 사명을 감당할 수 있도록 주신 것이 '목사 안수'였다는 거예요.

하나님께서 주시는 지혜는 시대를 따라 움직이는데, 여성 목사를 통해 하나님나라를 선포하게 하신다는 것은 분명한 사실이에요. 아직도 여성 목사 제도를 도입하지 않은 교단에 계시는 분들이 이 이야기를 들으실 수 있다면, 이렇게 여성도 하나님나라 복음을 전하기 위해 목사 안수는 필수적이라는 것을 잘 생각해 주셨으면 좋겠어요. 정말 부르심을 따라가는 여성들의 마음에 맺혀 있는 소원들을 풀어서 자유케 해 주시는 일을 같이해 주신다면 감사하겠습니다.

인터뷰 진행 및 정리: 구권효

Behind Story

13.
여성 안수 불가가 만고불변의 진리? 교세 줄면 도입할 것

대한예수교장로회 합동에서 '여성 리더십' 외치는

강호숙 박사

강호숙 박사(60)는 쌓인 게 많았다. 인터뷰 내내 격정을 쏟아 냈다. 그도 그럴 것이 어렸을 적 친구 따라 대한예수교장로회 합동(예장합동)에 소속한 교회를 다니고, 자연스럽게 총신대학교에서 공부를 하게 된 것이 이런 삶을 가져올 줄은 꿈에도 몰랐을 것이다. 그는 여성이라서 차별받고, 무시당했고, 외로웠다. 최근에도 슬럼프에 빠져 조금 힘들었다는 강 박사의 말이 시리게 다가왔다.

예장합동 상황이 안타까운 것은, 현재 교단 내에서 여성 안수를 위해 노력하는 조직이 없다는 점이다. 고린도전서와 디모데전서 성경 구절을 문자적으로 해석해 총회 차원에서 '여성 안수 불가'를 '만고불변의 진리'로 천명하고, 여성 안수에 조금 열려 있는 입장을 취한 신학자들에게는 징계를 내렸으니, 누구라도 이런 분위기에서 여성 안수를 주장하기는 어려울 것이다.

강호숙 박사는 예장합동 소속으로 여성 안수를 줄기차게 이야기해 온 사람이다. 2009년 총신대 신학대학원에서 '교회 여성 리더십의 이론적 근거와 실천 방안 연구'로 박사 학위를 받았다. 이후 총신대에서 유일하게 '여성' 관련 과목을 강의하며 지내다가, 2016년 초 부당 해고를 당했다. 학교 측은 전임 교원 충원으로 시간 강사를 배제할 수밖에 없었다고 주장했지만, 여성 리더십과 여성 안수를 외치는 강 박사가 눈엣가시였다는 것은 쉽게 짐작할 수 있다.

이렇게 힘들게 공부했는데 '살살 하라'니…

저는 중학교 때부터 예장합동 교단에 속한 교회를 다녔어요. 그 안에서 신앙생활 했으니, 신학을 배우겠다고 결심했을 때 당연히 그 교단에 속한 학교로 가는 게 일반적이지 않겠어요? 노회 추천서 같은 것이 필요하기도 했으니까, 제가 다니던 교회가 소속한 노회에서 받는 게 자연스럽잖아요. 또 한 가지는 그 당시만 해도 총신의 신학이 가장 성경적이라고 생각했어요.(웃음) 자부심을 가졌던 거예요. 당시에는 그럴 수밖에 없잖아요. 거기서만 배웠으니까.

순수하게 성경이 배우고 싶었어요. 신앙생활을 하면서 의문이 들 때 목사님들한테 물어보면 무조건 "믿으라"고만 하더라고요. 그게 성에 안 차니까 신학을 공부하고 싶다는 마음이 생겼어요. 제가 학부는 일반 대학 영어영문학과를 졸업했어요. 총신대 신대원에 가려고 했을 때 벌써 아이 둘이 있었죠. 고생 많이 했어요. 아이 둘 키우는 엄마가 뭘 하기가 어렵잖아요. 총신대 신대원에 합격하면 학기 시작 전부터 헬라어·히브리어를 배우는데, 그때부터 저는 매일 아침 아이들 유치원에 데려다 놓고 학교 가서 시험 보고 돌아와서 다시 공부하고 그랬어요. 원래는 기숙사 생활을 했어야 했는데 아이들 때문에 어려웠죠. 밤에는 아이들 재우고 12시부터 또 공부하고. 제가 이렇게 투쟁적으로 변한 이유 중 하나가 이거예요. 그렇게 힘들게 신학을 배웠으니까….

신대원 다니면서 교단과 학교에 좀 더 깊숙이 들어가서 보니까, 이 안에 가부장주의가 득세하는 걸 보게 됐어요. 제 아버지가 되게 가부장적이셨거든요. 근데 제가 딸이라서 받았던 차별들이 학교에서도 똑같이 보이더라고요. 그런 문제의식이 있어서 '여성 리더십'을 좀 더 공부해야겠다는 생각이 들기 시작했어요. 교단이 여성 안수를 반대하지만, 그래도 여성이 전문성·달란트를 잘 활용해야 한다는 측면에서 접근하고자 했던 거죠.

박사 과정에 들어갈까 고민했을 때 지금도 잊히지 않는 에피소드가 있어요. 신대원 여학생들과 당시 총신대 김의환 총장이 대화를 할 때가 있었어요. 그때 어떤 여학생이 여성 안수에 대한 석사 논문을 가져와서 "여성 안수에 대한 논문이 나왔다"고 했더니, 김의환 총장이 코웃음을 치는 거예요. 그러면서 하는 말이 "여성 안수를 반대하는 유수한 박사 논문이 엄청 많은데 고작 석사 논문을 들이대냐"는 식이었어요. 그 말을 들으면서 저도 모르게 '박사 공부를 해야겠구나'고 다짐했던 거 같아요. '박사를 해야 무슨 말이라도 할 수 있겠구나'라는 생각이 들었던 거예요. 그게 하나님이 주신 마음이었는지 모르겠는데, 아무튼 발단은 그 사건이었죠. 주변에서 많이 말렸어요. "왜 하필 그 주제를 쓰려고 하느냐", "왜 지도 교수를 힘들게 하느냐"면서.

2009년 박사 학위를 받고 총신에서 강의를 시작했어요. 저는 일단 제가 전공한 걸 해야 하잖아요. 종교개혁 주간에 진행된 신대원 포럼에서 논문을 발제한 적이 있었어요. 근데 한 교수님이 저를 부르더라고요. 그분이 하는 말이, 어떤 교수가 제 발제를 듣더니 "갓 박사 된 사람이 뭘 저렇게 아는 척 떠드냐"면서 저를 강사에서 자르라고 했다는 거예요. 그래서 저한테 좀 살살 하라고 귀띔을 해주신 거죠. 저는 이걸로 박사 공부를 했고, 제가 이론적·학문적으로 할 수 있는 게 이거밖에 없잖아요. 근데 살살 하라고 하니까 어이가 없었죠. 학생들은 좋아했어요. 여성에 대한 강의를 총신에서 처음 들어 봤다는 평이 많았죠.

또 한 가지 이야기하고 싶은 게 전병욱 목사(홍대새교회) 관련한 일인데요. 전 목사 성추행 사건이 터졌을 때 제가 교회2.0 목회자들과 평양노회 가서 피켓 들고 외치고 그랬어요. 그게 신문에도 나왔는데, 학교에서 한 여직원분이 저에게 "왜 이렇게 용감하세요" 그러는 거예요. 총신 안에 어느 누구도 전병욱 목사를 비판하지 않는데 제가 나서는 게 신기했대요. 교단에서는 쉬쉬하는 분위기였던 거죠. 당시에는 아무래도 전 목사가 잘나갔으니까. 저는 개의치 않았어요. 시위도 하고 글도 쓰고 했죠.

여성의 전문성은 인정받지 못하고

여성이 목사가 되지 못하니까 생기는 문제가 커요. 목사가 못 된다는 얘기는 아무리 공부를 해도 신학교수가 못 된다는 거예요. 여성이 전문성이 있어도, 남성 목사들 사이에서는 기본적으로 여성을 깔보는 분위기가 있어요. 제가 교회 사역도 해 봤는데, 선배들은 물론 이제 막 신대원 졸업하고 사역 나온 한참 후배들도 여성 전도사들을 함부로 대하더라고요. 저같이 결혼해서 아이가 있는 사람한테도 그랬어요. 제가 선배고 공부도 더 많이 했는데 '너는 내 말에 순종해야 한다'는 식으로 나오는 거예요. 되게 억울했죠. 교회는 이상하게도 사역으로 들어오면 남자들이 일단 여자들을 무시하게 돼 있는 구조이고 분위기였어요.

한편으로는 여성 사역자들에게도 거리를 느꼈어요. 저는 어쨌든 열심히 신학을 공부했고 학문적으로 전문성이 있다고 볼 수 있잖아요. 그런데 학위 없이 교회에서 사역하게 된 여성 전도사들도 제 전문성을 인정하지 않는 거예요. 어차피 교회 안에서는 다 '전도사'니까 너나 나나 똑같다는 거죠. 제 전문성과 능력은 남성 사역자들 사이에서도, 여성 사역자들 사이에서도 인정받지 못했어요. 그래서 상처도 더 많았죠. 저는 지금도 가끔씩 '차라리 사역을 하지 말걸' 후회가 들기도 해요. 사방이 다 적이었어요. 제가 슬럼프에 빠지면 항상 밑바닥부터 올라오는 게 '내 편이 하나도 없다'는 생각이에요. 그게 저를 끝도 없는 절망의 나락으로 빠뜨리더라고요.

어느 대형 교회에서 담임목사 비서도 하고 초등부 전도사로 사역한 적이 있었어요. 사역하면서 여러 한계를 느끼고 박사 공부를 하려고 사표를 냈어요. 그랬더니 한 장로님이 "강 전도사, 여자가 왜 이렇게 야망이 커!" 이러는 거예요. 고분고분 시키는 대로만 하면 되는데, 왜 이런 좋은 자리를 박차고 나가냐는 거겠죠. 그 장로님 말고도 다른 사람들에게 그런 말 많이 들었어요. '여자가 왜 이렇게 야망이 많아, 욕심이 많아, 잘난 척해, 똑똑한 척해' 등등. 성 역할에 대한 고정관념이 너무 가부장적으로 고착돼 있으니, 여자가 뭔가 뜻을 가지고 공부하겠다는 걸 받아들이지 못하는 거죠. 여자가 주체적으로 하나님 앞에서 소신 있게 나아가는 것들을 전혀 용납하지 않는 교회 분위기가 너무너무 싫었어요.

제가 남편이 장로로 있던 교회에 협동 전도사로 있던 때 이야기에요. 한 장로가 저한테 한다는 말이, 그냥 성가대원이나 하고 장로 부인 역할이나 하라는 거예요. 내가 장로 부인 되려고 신학을 한 것도 아니고, 하나님이 주신 달란트대로 섬기고 싶은데 왜 교회는 이걸 용납하지 않을까…. 그래서 그 교회를 떠났어요. 남편한테 "나는 행복하지 않다"고, "나를 자꾸 짜여 있는 틀에 넣으려는 이런 곳에서 도저히 신앙생활 할 수가 없다"고 했죠. 남편도 교회에 얘기를 해 봤대요. "아내가 전문성이 있고 협동 전도사로 돼 있으니, 1년에 설교 한두 번이라도 하게 해 달라"고. 그랬더니 교회에서는 '너나 잘해라'는 식으로 나왔대요. 결국 남편도 그 교회를 나왔죠.

유일한 여성 관련 강의였는데 '부당 해고'

2015년 12월에 총신 여동문회 송년회 예배가 있었어요. 그때 김영우 당시 총신대 총장이 설교하기로 돼 있었거든요. 박유미 박사님이 예배 전에 저한테 먼저 이야기를 하더라고요. 자기가 이번에 여성 안수를 위해서 기도할 거라고. 저는 소신 있게 하라고 얘기해 줬어요. 그런 다음 기도 시간에 실제로 박유미 박사가 "교단에서 여성 안수의 길을 열어 달라"고 기도했죠. 그랬더니 김영우 총장이 설교 시간에 "원래 다른 설교를 하려 했는데 이걸 해야겠다"면서, 디모데전서에 나오는 "여자는 남자를 다스리지 말라"는 구절을 가지고 설교한 거예요. 여성 안수 반대가 만고불변의 진리라고.

앉아 있는데 화가 나더라고요. 예배 끝나고 김영우 총장이 축도하는데, 저는 그런 사람 축도 받고 싶지도 않아서 그냥 나와 버렸어요. 그랬는데 몇 주 지나고 박유미 박사에게 전화가 왔어요. 총신에서 강의하기로 했는데 해고됐다는 연락을 받았다고. 며칠 뒤에 저한테도 연락이 오더군요. 저는 예배 참석만 하고 가만히 있었는데 잘린 거예요. 학교에서는 대학 전임 교원을 늘려서 시간 강사들을 해고할 수밖에 없었다고 주장했는데, 저는 당시 총신대뿐 아니라 평생교육원, 산학협력단에서도 각각 이력서를 내 한 과목씩 강의를 했거든요. 이걸 동시에 모두 자른다는 건 '표적 해고'라는 생각이 들었죠. 평소 여성 리더십을 주장하고 여성에 대해 강의하는 제가 싫었던 거예요.

가만히 있으면 안 되겠다 싶었어요. 이제 총신에서 강의하지 않아도 좋으니까 학교와 싸워야겠다는 생각이 들더라고요. 노무사를 찾아가 학교를 상대로 부당 해고 소송을 냈어요. 솔직히 이기려는 생각보다는 교단의 성차별적 현실을 알리고 싶은 마음이 컸어요. 서울지방노동위원회에서 부당 해고 판정을 받았고, 학교가 항소해서 중앙노동위원회에 갔는데 거기서도 부당 해고 판정을 받았죠. 아무리 시간 강사라 하더라도 해고하려면 사전에 서류로 통보해야 하는데 그렇지 않았다는 이유였어요. 저는 학교가 성차별한 부분에 대해 사과하고 여학생들 진로를 보장하라고 요구했는데, 학교에서는 코웃음을 치더군요.

저는 총신에서 '현대 사회와 여성', '한국 사회와 여성 문제', '칼빈주의와 문화' 이런 강의를 했어요. 신대원에서 '교회 여성의 이해와 사역'이라는 이름으로 강의한 적도 있죠. 이거 말고는 여성 관련 과목이 없었어요. 저는 늘 의아했어요. '교회 과반수가 여성인데 왜 여성 관련 과목이 없지?', '유아부·유치부·청소년부 사역에 대한 커리큘럼은 있는데 왜 여성에 대한 과목은 없지?' 아마 지금도 총신에는 여성 관련 과목이 없을 거예요. 여성은 이해할 필요가 없다고 생각하는 거예요. '순종하라'고 하면 다 알아들으니까 굳이 이해할 필요를 못 느끼는 거겠죠.

예장합동은 여성에게 지위는 전혀 주지 않아요. '권사'도 예장합동에서는 임시직이거든요. 예장통합은 권사가 항존직에 들어가지만, 예장합동은 임시직이에요. 교단 헌법을 보면 권사는 "임시직으로서 종신제"라고 되어 있어요. 한마디로 비정규직 종신제인 거죠. 그러면서 임직식은 왜 하냐고요. 임시직인 서리집사는 임직식 안 하잖아요. 이건 완전 직분 가지고 장난치는 거예요. 여성들의 노동력만 써 먹겠다는 거죠.

저는 쌓인 게 엄청 많아요. 다 상처예요. 내가 진짜 하나님을 안 떠난 게 기적인 거 같아요. 남자 사역자들은 무시하죠. 여자 사역자들도 인정해 주지 않죠. 그리고 여성 사역자는요. 친하게 지낼 친구도 없어요. 평신도와 분리돼 있고, 교회에서 떠나면 쳐다도 안 봐요. '내가 괜히 이 길로 들어왔구나', '이 고생을 내가 왜 했을까' 이런 생각 많이 했죠. 얼마나 하나님을 원망했는지 몰라요. 하나님 진짜 너무 야속하다고, 내가 뭘 잘못했냐고….

근데 얼마 전 한 여자 후배가 이런 얘기를 하더라고요. 교회가 너무 목사 위주로 돌아가고 극우적이라는 사실을 깨닫게 되니까, 적응을 못하겠고 인간관계도 단절되고 너무 힘들대요. 그러면서 나더러 "버텨 줘서 너무 고맙다"는 거예요. 그나마 교단 안에서 조언을 구할 수 있는 내가 있어서 고맙다는 거죠. 그 말을 듣고 제가 오히려 위로를 받았어요. 나도 힘들어서 방황하고 흔들리고 있는데, 후배가 그런 얘기를 하니까 '내가 좀 더 똑바로 서야겠구나' 하는 생각이 들었어요. 저도 이제 인생 좀 편하게 살아야겠다 싶기도 했는데,(웃음) 이렇게까지 힘든 길을 걸어온 것들이 후배들에게 하나의 디딤돌이 될 수 있다면 좀 더 정신 차리고 살아야겠다는 생각이 들더라고요. 용기 내서 목소리도 내고 글도 쓰고 해야겠다고.

어떤 사람들은 저더러 충분히 타 교단에서 목사 안수 받을 수 있는데 왜 안 하냐고 하더라고요. 제가 지금 목사 안수 받을 이유가 뭐가 있겠어요. 그리고 목사 안수를 받으면 그 교단 소속이 돼버리는 거잖아요. 저는 그러고 싶지 않아요. 예장합동에서 저를 인정하지 않을지 모르지만, 중요한 건 누가 뭐래도 저는 총신·합동 사람이라는 거예요. 내가 이 안에서 신학을 공부했고 거기서 배운 걸 가지고 외치기 때문에 나를 배척할 수 없거든요. 자신들이 배출했으니까. 그러니까 저는 이 안에서 목소리를 내겠다는 거예요.

가부장제도 돈 앞에서 꼼짝 못하는 그날

예장통합 같은 경우는 여전도회전국연합회가 많은 노력을 했어요. 여성 안수는 여성들이 아주 투쟁적으로 이루어 놓은 것이죠. 그런데 우리 예장합동 여성들은요, 한마디로 말하면… 씁쓸해요. 아마 여전도회 회원들부터 여성 안수를 반대할 거예요. 많이 노령화해 있고요. 제가 예전에 보니까 여전도회가 하는 일이 주로 남자 목회자들 뒷바라지하는 거더라고요. 여전도회도 교단 조직이다 보니까 완전히 목사 중심으로만 돌아가요.

총신 여동문회가 매년 총회 때 여성 안수를 요구해 오기는 했는데요. 제가 볼 때 여동문회도 많이 노령화했어요. 또 많은 여동문이 독립 교단 등으로 가서 목사 안수를 받아요. 예장합동 안에서 여성 안수가 이뤄지기를 바라기는 하지만, 타 교단에서 목사 안수를 받은 사람들은 이제 그 교단 사람이 된 거잖아요. 이런 식으로 여성들이 다른 교단으로 옮기다 보니, 여동문들 조차도 합동 교단 안에서 꼭 여성 안수가 되어야 한다는 간절함이 없어진 거 같아요. 교단 자체가 여성들이 조직된 목소리를 낼 수 없는 구조예요.

한국교회가 코로나19 때문에 타격을 많이 받을 거예요. 그전에도 주일학교가 급격히 쇠퇴하고 있었는데 더 심해지겠죠. 주일학교가 쇠퇴한다는 건 신학생들의 진로가 줄어든다는 의미예요. 신학생들이 교회 전도사 사역 하면서 페이도 받고 그렇게 신학교와 교회 운영이 맞물리는 거거든요. 특히 주일학교는 여성 사역자가 많이 맡았는데, 이렇게 되면 자연스럽게 여성들이 신학교에 진학하지 않겠죠. 게다가 총신대가 작년 대학 역량 평가에서 일반 재정 지원 대학에도 탈락했잖아요. 이런 문제들을 볼 때, 계속 교세가 줄어들면 어느 순간 여성 안수가 도입될 것 같아요.

합동은 여성 인권에는 관심이 없고 철저히 실용주의 관점이 작동해요. 교회가 살아남으려면 어쩔 수 없으니까 여성 안수도 도입할 거예요. 교세가 빵빵할 때는 여성 안수 반대가 성경적이라고 목숨 걸고 외쳤죠. 남성들이 기득권을 갖고서 여성들한테 절대 안 줘야 하니까. 근데 교인이 계속 줄어들고 신학교 신입생도 미달되면 어떡하겠어요. 여성 안수 도입하겠죠. 선지자적으로 시대를 앞서가고 당면한 문제들을 하나님 말씀으로 해쳐 나가는 게 아니라,

결국 물질만능주의·자본주의 논리로 운영되고 있다는 것을 증명하는 셈이 되는 거죠. 가부장제도 돈 앞에서는 꼼짝 못하는 때가 오지 않을까 생각해요.

한편으로는 예장통합 상황을 보니까, 여성 안수가 도입된 지 25년이나 됐는데도 여성들 입지가 그리 좋지 못하더라고요. 제가 예장통합 한 노회에 가서 특강을 한 적이 있어요. 거기 여자 장로님 몇 분이 앉아 있었는데 이분들이 호소를 해요. “우리 여자들은 너무 힘이 없다”고. 저는 통합 측을 부러워했거든요. 그런데 막상 가서 보니까 예장통합도 그냥 여성 안수만 된 거예요. 여성 목사들이 또 유치부만 담당하고 있고, 면접 볼 때도 “왜 남편 목사 돕지 않고 사역하려 하느냐” 이런 질문을 받는다네요. 합동 측 여성 사역자들이 겪는 일을 똑같이 경험하는 거예요.

예장통합을 보면서 느끼는 게, 여성 안수를 넘어서 ‘남녀 파트너십’, ‘남녀 동등 대표’까지 가야 한다는 걸 더 절감하게 돼요. 저는 창세기 1장 27절 “하나님이 자기 형상 곧 하나님의 형상대로 사람을 창조하시되 남자와 여자를 창조하시고”라는 말씀을 보면서, 남녀 파트너십이 이루어져야 정상이라는 걸 확신했어요. 인간 됨, 하나님의 형상이 이루어지는 것도 남녀가 동등하게 균형을 맞춰야 가능하기 때문이죠. 지금 교회 안에서 연일 터져 나오는 성폭력·성차별, 횡령과 같은 각종 불의는 교회 권력이 너무 남성에게 쏠려 있어서 나타나는 현상이라고 봐요.

예장통합도 보니까 2019년 총회 총대가 1.7%밖에 안 됐어요. 근데 여성 할당제에 대한 남성 목회자들의 마인드를 보면 무슨 시혜를 주는 느낌이에요. 웃기는 거죠. 지금이 비정상이고 조금이라도 정상으로 만들자고 하는 건데, 그걸 시혜적으로 본다는 게 대단히 못마땅했어요. 동동 대표권이 필요해요. 여성도 교회의 모든 의제에 의사결정권이 주어져야 해요.

여성들도 자신의 의견을 낼 수 있어야 해요. 왜냐하면 우리가 하나님을 믿는다는 것, 하나님을 체험했다는 것, 하나님에 대한 이미지, 이런 것들이 다 남성 목회자가 말해 온 하나님이에요. 인간은 모두 하나님 형상이기 때문에 각자 고유한 것들이 있는데, 남성의 하나님만 자꾸 얘기되니까 여성이 갖고 있는 하나님 이미지, 그리고 여성이 경험한 하나님은 정죄당하고 왜곡당하게 된 거예요. 그렇게 눌려 있다 보니 여성들의 신앙이 건강하지가 않아요. 여성들이 스스로 하나님을 경험한 것을 좀 더 주체적으로 표출할 수 있어야 온전하고 건강한 신앙을 가질 수 있다고 봐요.

저는 여성들이 한 번씩 뒤집어져야 한다고 생각해요. 하나님과 일대일로 만나서 '하나님이 나를 왜 여성으로 만들었을까', '나는 도대체 어떻게 하나님을 믿으면서 여성으로서 살아가야 할까' 고민하고 질문을 던져 봐야 한다고 생각하거든요. 성경도 좀 더 주체적으로 읽어야 하고, 여성학과 여성신학을 배워서 여성 됨에 대한 인식의 전환이 필요해요. 그래서 교회 안에서 여성들의 소리가 자꾸 커져야 한다고 봐요.

젊은 여성들 중에서 가끔 저한테 메시지를 보내는 분들이 있어요. "어떤 교회를 가야 하나", "갈 교회가 없다", "차라리 여자들이 교회를 하나 만들자" 그래요. 어떻게 해야 좋을지 모르겠어요. 저는 목사도 아니고…. 다만, 지금은 목사가 필요한 시대는 아닌 것 같아요. 지금은 함께 예배하고 자신의 신앙과 경험과 소신을 자유롭게 나눌 수 있는 곳이 필요하지, 어느 한 사람에 의해서 끌려가는 신앙은 필요하지 않고 건강하지도 않은 것 같아요. 저는 여성들이 '하나님은 여성 편'이라는 걸 믿고, 주체적으로 하나님을 예배하고 소신껏 신앙생활 할 수 있었으면 좋겠어요.

인터뷰 진행 및 정리: 구권효

Behind Story

나가는 글

여성 안수 운동이 '평등을 위한 몸부림'이라면

구권효·나수진

"오… '여성 안수 논쟁 100년'이라니, 벌써부터 기대가 되는데?"

'비하인드 스토리 - 여성 안수 투쟁사' 기획은 2021년 말 나수진 기자의 아이디어에서 시작됐습니다. 한국교회 대부분을 차지하고 있는 장로교단에서 여성 안수가 논의된 지 '100년'이 되는 해가 2022년이라는 겁니다. 2022년을 계획하는 회의에서 편집국 막내 기자가 입에 착 붙는 아이템을 내놓자, 강도현 대표가 '벌써부터 각이 나온다'며 좋아했죠.

그런데 웬걸, 기획은 시작부터 삐거덕했는데요. 조선예수교장로회에서 여성 안수에 대한 이야기가 나온 건 1932년, 그러니까 100년이 아니라 90년 전이었던 것입니다. 나수진 기자가 1932년을 1922년으로 잘못 본 것이죠. '100년'이라고 하면 입에 착 붙는 느낌인데, '90년'은 뭔가 애매해 보였습니다. 기획을 돕게 된 구권효 기자는 우스개를 던지기도 했죠. "어떻게… 그냥 10년 뒤에 할까?"

하지만 나수진 기자가 찾아온 1930년대 자료들은 (고어로 돼 있어 읽기 힘들었지만) 그냥 읽는 것만으로도 상당히 흥미로웠습니다. 기독교 여성사가 새롭게 보이는 순간이었죠. 편집국 선임 구권효 기자도 처음 보는 내용이었습니다. 10년 이상 교계 기자로 일했지만 '여성 안수'를 깊게 고민하고 취재해 본 적은 없었던 것입니다. 일단 우리에게 흥미 있는 내용은 독자분들에게도 흥미로울 거라 생각하고 취재를 시작했습니다.

저희가 주목한 것은 '여성 안수 역사는 여성 투쟁의 역사다'라는 사실이었습니다. 1930년대 시작된 여성 안수 청원은 가히 최초의 개신교 여권운동이라 할 만했고, 이후 여성들이 수십 년간 끈질기게 청원한 결과 여성 안수를 쟁취할 수 있었기 때문입니다. 물론 여성 안수를 위해 노력한 여성들 중에도 '싸움'이라는 뜻이 내포된 '투쟁'이라는 말에 불편함을 느끼는 분이 있습니다. 하지만 그들의 노력을 객관적으로 볼 때 투쟁이라는 말이 과하지는 않다고 생각했습니다.

그동안 여성 안수 역사에 대한 여러 연구물이 있었지만 일반 독자들에게는 접근성이 떨어졌고, 한국교회 주요 교단들의 여성 안수 역사를 한눈에 볼 수 있게 총망라한 기획물은 없었습니다. 여성 안수가 도입된 교단에서도 여성 목회자의 처우가 열악한 상태에 있는 지금, 기독교 여성운동의 과제도 이야기하고 싶었습니다. 무엇보다 처음에 저희를 설레게 했던 1930년대 자료들을 독자분들에게 직접 보여 드리고 싶었습니다.

오래전부터 이미 알고 있었다

여성 안수 역사를 취재하면서 가장 와닿았던 부분은 '여성들은 이미 알고 있었다'는 것이었습니다. 한국 장로교회는 처음 시작할 때부터 여성이라는 이유로 안수직을 주지 않았는데요. 교단 창설

시부터 여성 안수를 도입한 기독교대한감리회 경우도 20여 년간 한국인 여성 목사는 나오지 않았죠. 여성들은 이것이 불합리하다는 사실을 초기부터 알고 있었습니다.

한국교회 여성 안수 역사를 논할 때 빠지지 않는 일이 '김춘배 목사 필화 사건'입니다. 1934년 〈기독신보〉에 '여권 문제에 대하여'라는 글을 썼다는 이유로 총회에서 징계 위협을 당했으니 유명할 만합니다. 하지만 저희가 더욱 놀란 건 1934~1936년 장민숙과 최영혜가 쓴 글들이었습니다. 당시 김춘배 목사를 조사한 총회 연구위원들은 이름만 들어도 쟁쟁한 이들이었습니다. 장민숙과 최영혜의 글을 보면 이들에게 주눅든 느낌이 전혀 없습니다. 오히려 연구위원 목사들이 성경을 오해했다고 지적할 정도였죠.

아직도 성경적·신학적으로 여성 안수가 옳지 않다고 주장하는 교단도 있지만, 성경적·신학적 문제의 결과는 이미 90년 전에 무엇을 더 붙이지 않아도 될 만큼 다 나와 있었던 것입니다. 여성이라는 이유만으로 직분에 차별을 둘 수 없다는 사실을 여성들은 이미 다 알고 있었습니다. 여성 안수를 위해 노력했던 사람들이 숱한 좌절 속에서도 포기하지 않을 수 있었던 이유는, 여성 안수가 성경적·신학적·인권적으로 옳고 무엇보다 그것이 '하나님의 뜻'이라는 확신이 있었기 때문이었습니다.

남성들 못지않게 훌륭한 역량을 갖춘 여성 인재가 많았다는 사실이 그것을 증명합니다. 여성들이 있었기에 한국교회가 이만큼 성장할 수 있었다는 말에 동의하지 않는 사람은 없을 것입니다.

"여성 동기 중에도 훌륭한 사람이 많았는데, 그야말로 때를 만나지 못해서 자리에 오르지 못한 사람이 많았다"는 김지선 목사의 말이 생각나네요. 동기 중 남자들은 총회장도 하고 신학대학교 총장도 했는데, 여성들은 목사가, 사제가 되는 것조차 힘들었다는 인터뷰이들의 회고가 새삼 뭉클하게 다가왔습니다.

여성 안수가 하나님의 뜻이라는 강한 확신이 여성들을 무장시켰다면, 칠전팔기七顚八起의 끈기를 주었던 것은 바로 '서로'였습니다. 총회에서 여성 안수 도입이 부결될 때마다 여성들은 함께 울었고, 함께 다시 일어났습니다. 저마다 여성 안수를 필요로 하는 이유와 그 온도는 조금씩 달랐지만, 그 다름으로 갈라지지 않고 하나의 큰 연대를 만들었습니다. 가능한 모든 방법 - 기자회견, 공청회, 토론회, 금식 기도, 단식 농성, 피켓 시위, 책자 발간, 노회원 식사 대접 등 - 을 총동원할 수 있었던 이유입니다.

여성 안수제는 법과 제도를 바꿔야 하는 일이었기에, 그 투쟁은 결국 투표권을 가진 남성 목사·장로들을 설득하는 방식이 될 수밖에 없었습니다. 남성 총대들에게 식사를 대접하고 선물을 돌리고… 취재하면서 때때로 '이렇게까지 해야 했나'라는 생각이 들었던 게 사실입니다. 하지만 여성들은 남성 총대들을 대접해 주면서도 '여성 안수는 남성들의 허락을 받는 일이 아니다'라는 자의식이 있었습니다. 그들에게는 여성 안수가 한국교회를 살리는 길이라는 믿음이 있었습니다.

여성 안수 투쟁이 이어져야 하는 이유

여성 안수는 오늘의 과제이기도 합니다. 지금도 가부장적인 성경 해석이 만고불변의 진리라고 생각하며 남성들만 목사·장로가 될 수 있다고 주장하는 교단은 물론, 수십 년 전 여성 안수를 받아들인 교단도 마찬가지입니다. 여성 안수가 도입됐다고 해서 여성들의 현실이 극적으로 변한 것은 아니기 때문입니다. 아직도 한국 교회 대부분 교단에서 여성 목회자의 처우는 남성 목회자와 비교했을 때 상당히 낮습니다. 여성 목회자를 동료 혹은 리더로 인정하지 않는 인식, 저조한 담임목사·총대 비율, 전무하다시피 한 결혼·출산·육아 대책, 성희롱·성폭력 문제 등 인식과 제도 모두 갈 길이 멉니다. 여성 안수 운동이 '평등을 위한 몸부림'이었다면 지금도 그 몸부림은 계속돼야 할 것입니다.

더 다양한 교단 여성 목사들을 취재하고 싶었습니다. 하지만 보수적인 성향의 교단 여성 목사들은 인터뷰 자체를 꺼렸습니다. 한 교단 여성 목사는 저희에게 인터뷰이를 물색해 주다가 "옛날 이야기를 뭐하러 하느냐고 선배들에게 혼났다"며 자기 교단은 빼고 진행해 달라고 했습니다. 다른 교단 여성 목사는 "총회에 민감한 문제이기 때문에 인터뷰가 어렵다"고 고사했습니다. 또 다른 교단의 경우 여성 목사들을 찾기가 어려워 총회에 문의했는데 "그런 이야기 해 줄 사람 없다"는 답이 돌아왔습니다. 여성 안수가 도입되기는 했지만, 아직 그 역사를 기록하는 것조차 누군가의 눈치를 봐야 하는 현실이 여성 목회자들의 오늘을 대변해 주는 것 같았습니다.

팍팍한 현실이지만 여성 목사들은 그래도 살아 남아야 한다고 말합니다. 그냥 살아 남는 게 아니라, 지금 있는 자리가 수많은 여성 선배의 눈물과 희생으로 이뤄진 것이라는 사실을 인식하며 가부장적인 리더십을 답습하지 않고 새로운 길을 만들어 내야 한다고 했습니다. 그것은 다양한 말로 표현됐습니다. "내가 만난 하나님을 이야기하자", "약자들을 위한 교회를 만들자", "자기만의 색깔로 목회하자", "여성들이 계속 협력하고 소통하자", "예수를 깊이 닮아 가자."… 어쩌면 이런 여성들이야말로 무너져 내리는 한국교회의 그루터기가 아닐까 생각해 봤습니다.

한국 사회는 지금 그 어느 때보다 여성에 대한 논의가 뜨겁습니다. 초창기 여성 인권 향상에 혁혁한 공을 했던 한국의 기독교는 한 세기 만에 여성 인권이 가장 뒤처진 집단 중 하나가 되고 말았습니다. 하지만 그동안 교회 내 여성들이 결코 숨죽여 오지 않았다는 사실을, 우리가 기억하고 이어 가야 할 정신은 여기에 있다는 것을 이번 기획에서 드러내고 싶었습니다. 저희가 그랬던 것처럼 이 글을 읽는 여러분에게도 기독교 여성사가 새롭게 다가가기를 바라 봅니다.

웹사이트 www.behindstory-newsnjoy.com을 방문하시면 〈뉴스앤조이〉가 취재하며 수집한 여성 안수 관련 자료들을 직접 확인할 수 있습니다. 바로 가기 QR 코드 ⇒

뉴스앤조이는 교회 권력을 감시하고 소외된 목소리에 귀 기울이며 건강한 신앙을 돕는 개신교 독립언론입니다. 그리스도인들의 신앙 성숙을 돕는 출판 콘텐츠를 제작하기도 합니다.

홈페이지: www.newsnjoy.or.kr

여성 안수 투쟁사 비하인드 스토리

초판 발행 2022년 12월 15일
지은이 구권효·나수진

펴낸이 강도현
펴낸곳 뉴스앤조이
편집 여운송·김은석
등록번호 제 2016-000072호
주소 서울 중구 퇴계로36가길 97 1층
전화 (02) 744-4116
이메일 task@newsnjoy.or.kr

디자인 유니꼬디자인

ISBN 978-89-90928-54-2